COLECCION HISTORIA PARA NIÑOS

DATE DUE

Conquista, La

LD

WIT

COLECCIONES

Ejecutiva
Superación personal
Salud y belleza
Familia
Literatura infantil y juvenil
Con los pelos de punta
Pequeños valientes
¡Que la fuerza te acompañe!
Juegos y acertijos
Manualidades
Cultural
Medicina alternativa
Computación
Didáctica
New age
Esoterismo
Humorismo
Interés general
Compendios de bolsillo
Aura
Cocina
Tecniciencia
Visual
Arkano
Extassy
Inspiracional
Aprende y dibuja

Francisco Trujillo

La conquista para niños

$9.95

SELECTOR

actalidad editorial

Doctor Erazo 120
Colonia Doctores
México 06720, D. F.

Tel. 55 88 72 72
Fax. 57 61 57 16

LA CONQUISTA PARA NIÑOS

Coordinación editorial: Ramón Martínez
Diseño de interiores: Times Editores, S.A. de C.V.
Diseño de portada: Mónica Jácome y Sergio Osorio
Ilustración de interiores: Modesto García y
Times Editores, S.A. de C.V.

Copyright 2001, Selector S.A. de C.V.
Derechos de edición reservados para el mundo

ISBN: 970-643-360-0

Tercera reimpresión. Mayo de 2005.

N! UNA FOTOCOPIA MÁS

Características tipográficas conforme a la ley.
Prohibida la reproducción parcial o total de la obra
sin autorización de los editores.
Impreso y encuadernado en México.
Printed and bound in México

AVON PUBLIC LIBRARY
BOX 977/200 BENCHMARK RD.
AVON, CO 81620

Índice

La conquista

El calendario azteca

Era el mediodía. El cielo sobre Tenochtitlán estaba limpio, azul profundo, sin una sola nube. El sol, radiante, llenaba la ciudad de un brillo alegre, que la hacía parecer, en medio del enorme lago de Texcoco, un delicado lirio blanco, que lanzara su belleza y sus perfumes a los cuatro vientos.

Moctezuma II, el rey de los aztecas, había salido de su palacio con dirección al colegio de lo negro, una especie de zoológico que albergaba los animales más hermosos y extraños de todo el territorio sobre el que se extendía el imperio mexicano. Iba intrigado, pues le habían informado que se encontraba  ahí un ser extraño, capturado el día anterior por unos labradores en cierto bosque cercano.

 Moctezuma caminaba apresuradamente, asistido por algunos servidores que sostenían un rico quitasol e iban colocando mantas en el camino para que el monarca no pisara el suelo desnudo. Tenía verdadera curiosidad por conocer a aquél ente singular.

De pronto, el grupo se detuvo: un sacerdote se había acercado a uno de los sirvientes del emperador, solicitando con humildad que éste ayudara a aclarar una discusión. Benévolamente, Moctezuma accedió.

Desvió su camino hasta donde, no muy lejos, un grupo de ancianos y sabios sacerdotes se encontraba de pie alrededor de la piedra del sol, el calendario azteca, que yacía sobre el

piso, magnífico y colorido como mirando al cielo. Los sacerdotes sostenían un fuerte debate acerca de cuándo y dónde se debía realizar cierta celebración en honor al dios Tláloc. Al ver a Moctezuma —llamado por los aztecas tlatoani, que significa algo así como gran señor, en lengua náhuatl—, los ancianos hicieron una respetuosa reverencia y comenzaron a exponer sus razones utilizando un largo y delgado bastón para señalar diferentes partes del complejo dibujo grabado en la piedra. El emperador escuchó los diferentes argumentos, pero pronto su atención olvidó las palabras de los sabios y fue centrándose cada vez más en los diseños señalados por la punta del bastón.

Pudo ver con claridad la belleza y el misterio encerrados en aquellas figuras... más que verlos era

Imperio de
Moctezuma II

como sentirlos, como si los signos le hablaran y él pudiera escucharlos: En el centro del calendario se encuentra la imagen del dios Tonatiuh, y en contacto con ella, cuatro soles antiguos, recuerdo de mundos desaparecidos por la ira de los dioses. Alrededor, danzan los días y los meses, como una ronda de niños que nunca dejara de moverse.

El rostro de Tonatiuh surge de la piedra, con las manos extendidas, en forma de garras que piden, que exigen, el sacrificio. Tiene las fauces abiertas, y muestra una lengua larga, convertida en cuchillo de pedernal, precisamente el instrumento utilizado por los sacerdotes aztecas para abrir con un golpe fuerte el pecho de las víctimas cuyo corazón extraían para ofrenda y alimento de los dioses...

Las figuras transmitieron su mensaje al sorprendido emperador. Decían: *El mundo de los aztecas un día será destruido. Ése es su destino.*

—Señor —dijo una voz anciana—. Gran señor...

Moctezuma fue arrancado de sus ensoñaciones.

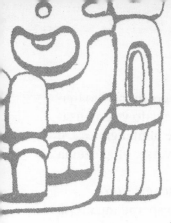

—Señor —hablaba uno de los sacerdotes—, ¿puedes darnos tu opinión?

—Por el momento —dijo Moctezuma, sin recordar siquiera el tema del debate— no puedo tomar una resolución. Pasen más tarde a mi palacio. Allí aclararemos todo... Y se marchó.

Cuando Moctezuma llegó al palacio de lo negro, una buena cantidad de gente se arremolinaba alrededor de aquella criatura extraña, muy parecida a un hombre, aunque de estatura más corta, cuya piel tenía una tonalidad grisácea y textura viscosa, como la de los ajolotes. Pero la causa de mayor curiosidad y horror era que ¡tenía dos cabezas!... Estaba desnudo y parecía muy fuerte, pues, visiblemente, los dos guerreros que lo sujetaban hacían un gran esfuerzo para detenerlo. Estaba gritando; vociferaba en un idioma que nadie podía comprender y lanzaba dentelladas al aire, como un jaguar acorralado.

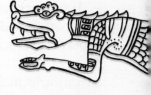

Ante la presencia de Moctezuma, todos guardaron silencio y se dispersaron para permitir el

paso del tlatoani. Las dos cabezas del monstruo fijaron su mirada fiera en el recién llegado y comenzaron a lanzarle palabras horrendas e ininteligibles. De repente, el monstruo dejó de moverse. Moctezuma hizo una pregunta al aire:

—¿Quién es éste... dónde lo encontraron?

Nadie pudo responder, pues, inesperadamente, la criatura se liberó, lanzándose contra Moctezuma. Los presentes comenzaron a gritar y a correr en todas direcciones, con la intención de huir o para defender al soberano.

Transcurrieron unos segundos de desesperación y caos, pero cuando todo volvió a la calma el monstruo había desaparecido, tal como si se hubiera desvanecido en el aire. Por más esfuerzos que se hicieron por encontrarlo, nadie lo volvió a ver.

En el camino de regreso a su palacio, Moctezuma, sorprendido y meditabundo, pasó de nuevo frente a la piedra del sol, de donde los sacerdotes ya se habían retirado. Se acercó a ella y volvió a asomarse a sus diseños, complicados y hermosos. Entonces, al mirar detenidamente el rostro del dios surgiendo hambriento del corazón de la roca, sintió que la lengua filosa y fría

le apuntaba directo al corazón. Le pareció que Tonatiuh, en nombre de todos los dioses aztecas, exigía
el sacrificio del tlatoani, que la muerte se acercaba y
tiempos muy malos y dolorosos estaban por llegar.

El brujo

—Señor Moctezuma: he visto unas casas extrañas, que son como cerros, como montañas, y van flotando por el mar...

Apenas pronunció estas palabras, el brujo hizo una breve pausa, porque le faltaba el aire. Estaba visiblemente nervioso y muy agitado.

—Señor Moctezuma, gran señor: estos cerros, estas casas espantosas pasaron frente a las costas del lugar donde yo vivo, Mictlancuauhtla, la selva del lugar de los muertos, y siguieron su camino; luego volvieron y se fueron, y después pasaron todavía otra vez...

—Señor... —agregó misteriosamente, bajando el volumen de la voz— hay seres... como hombres... como personas... que van dentro de esas casas horrorosas.

Volvió a subir el volumen, casi gritando, y atropellándose al hablar. Muy asustado, añadió:

—Señor... No sé qué están buscando. No sé qué buscan, señor...

Aunque fuera de sí, el brujo conservaba una actitud de total reverencia y humildad: se había descalzado y hablaba con la vista al suelo, como todos los aztecas cuando estaban frente al tlatoani...

Pero había algo muy extraño: este hombre no tenía un solo dedo, ni en las manos ni en los pies; además, el color de su piel era casi negro, como cubierto de polvo de carbón, un color de piel que nadie tenía entre los aztecas.

Desde el primer momento, Moctezuma había sentido rechazo hacia el personaje... un sentimiento extraño de que algo andaba muy mal con él.

—Señor, señor, creo que los dioses han regresado por el mar del cielo, por el Oriente, como lo dice la profecía, y no encuentran dónde colocar sus montañas... señor...

Estas últimas palabras terminaron con la paciencia de Moctezuma, quien con un solo golpe de voz ordenó:

—¡Encierren a este hombre y vigílenlo muy bien!

En un instante, el brujo se vio rodeado de guerreros, que lo sujetaron fuertemente. Por más que luchó, no pudo soltarse. Mientras forcejeaba, el largo cabello se le enredó, y Moctezuma pudo ver que tampoco tenía orejas.

—¿Por qué me haces esto, señor?... —suplicaba el brujo mientras era conducido, a rastras, fuera del salón de audiencias del palacio real—. Señor, sólo he venido a avisarte... el momento ha llegado... la profecía está por cumplirse.

Las últimas palabras se ahogaron en el eco y en el silencio del interior del palacio, pero quedaron resonando en la mente del tlatoani: *La profecía está por cumplirse... la profecía está por cumplirse...*

El gran tlatoani caminó solo, en silencio, por los jardines de su palacio. De un lado a otro volaban las aves, de maravillosos plumajes, traídas desde diversos puntos del reino; en el estanque se paseaban las garzas, pescando, y entre las verdes ramas de los árboles jugueteaban algunos monitos.

En verdad parecía que el tiempo había llegado, que la vieja profecía acerca de que él sería el último rey de los aztecas estaba por cumplirse. Ya se habían dado muchas señales y muchos presagios de los que todo el pueblo había sido testigo.

No sólo habían aparecido otros hombres de dos cabezas y luego, en un segundo, se habían esfumado; hacía algún tiempo había surgido en el cielo, sin previo aviso, una gran llama, una hoja de fuego, dijeron los adivinos, que iluminaba la noche y que competía en brillantez con el Sol. Se le pudo observar algunos días, y luego simplemente se esfumó.

Inexplicablemente se habían incendiado los templos de Huitzilopochtli y Xiuhtecuhtli... Aparecieron estrellas desconocidas; hirvió el agua de la laguna, se vieron animales monstruosos y, tal vez lo peor, desde algunas semanas atrás durante las noches, el llanto de una mujer recorría las calles de Tenochtitlán. Una mujer que decía: «¿Adónde los llevaré, mis hijitos?, ¿qué será de ustedes?»

Y ahora la noticia de montañas sobre el mar del oriente... Moctezuma recordó que, según una vieja leyenda, Quetzalcóatl, un antiguo dios, llegaría de nuevo a México justo por la mar oriental. Llegaría a adueñarse del reino y derrocaría a su monarca. ¿Sería Quetzalcóatl el tripulante de aquellos palacios flotantes? Moctezuma no sabía qué pensar.

—¡Guardias! —llamó— ¡Traigan al prisionero! Quiero hacerle algunas preguntas.

Los guardias corrieron hasta el sitio del palacio donde se encontraba encerrado el brujo, pero cuando abrieron las puertas de la prisión, perfectamente vigilada y sin una salida posible, salvo la puerta, el lugar se encontraba vacío. El brujo había desaparecido.

El oro y los dioses

3

De cerca era claramente visible, en medio de la bruma de la mañana, que aquellas naves estaban construidas de madera, igual que las canoas de los mexicanos. Ciertamente eran mucho más grandes, pero no eran montañas, ni palacios, sino barcos tripulados por desconocidos.

Pínotl, valeroso guerrero mexicano, había tomado, junto con algunos de sus hombres, tres lanchas y se había lanzado al mar para averiguar de una vez por todas qué eran aquellos cuatro

extraños e inquietantes objetos, los cuales semejaban monstruos marinos a medio dormir flotando pacíficamente frente a las costas orientales del imperio de Moctezuma.

Los guerreros mexicanos estaban impresionados por el aspecto de los barcos, los largos mástiles, la gran cantidad de cuerdas que corrían de uno a otro lado de la cubierta, y las anchas velas que, recogidas en la base de los mástiles, parecían banderas dobladas cuidadosamente por un gigante. Fue entonces cuando los tripulantes de los cuatro barcos, llenos de curiosidad, comenzaron a hacer señas con los brazos a los indígenas que se acercaban.

Al ver esto, Pínotl y sus hombres sintieron algo de temor, pero a la vez su curiosidad creció: Los seres que les saludaban en realidad parecían hombres, pero sus rostros se veían pálidos, muy blancos, tan blancos como la piel de Tezcatlipoca, el dios mexicano de la muerte. ¿Acaso se trataba de dioses, como murmuraba la gente? ¿Acaso eran servidores de Tezcatlipoca y venían para sembrar la muerte y la destrucción en las tierras de los aztecas?

Las voces que lanzaban aquellos seres eran fuertes y alegres; no parecían de guerra, sino de bienvenida, aunque no decían una sola palabra que pudiera comprenderse. Finalmente, los indígenas llegaron hasta uno de los barcos, el que parecía más importante, ataron a él sus canoas y, siguiendo a su valeroso jefe, subieron a la nave.

Fueron recibidos con alegría y palabras extrañas. Todo era nuevo y fascinante. Verdaderamente maravillaba ver rostros tan pálidos y peludos como nunca se había visto en la tierra de los mexicanos.

Indígenas y hombres blancos podían darse a comprender poco, y con mucho esfuerzo hacían señas, movían el cuerpo y emitían toda clase de sonidos. Mediante este rudimentario lenguaje, los soldados mexicanos pudieron finalmente tener una idea de cómo se llamaban aquellos seres: españoles o castellanos,

nombre que pronto se transformó en castilán, porque así resultaba más fácil de pronunciar. Aunque también los nombraron teules, que significa *dioses*.

Entre la tripulación del barco había algunos esclavos africanos, de piel totalmente negra, a quienes los mexicanos llamaron teules sucios, o tlaloques, pues les pareció que seguramente eran sirvientes de Tláloc, dios mexicano que tiene la piel negra y rige las lluvias y el clima.

Los mexicanos, por su parte, también pudieron, a señas y como les fue posible, dar a los teules una idea acerca de su tierra. Dijeron que ésta era grandísima y muy rica, y estaba gobernada por un señor llamado Moctezuma, quien vivía en la hermosísima ciudad de Tenochtitlán, construida en medio de un gran lago y frente a un par de volcanes en cuya cima habitaban los dioses.

Después de los saludos y las primeras sonrisas, teules y mexicanos pasaron al intercambio de regalos. Pínotl hizo traer de su embarcación un pequeño tesoro, que había formado pensando en su encuentro con los dioses: algunos mantos exquisitamente bordados, como los que sólo Moctezuma y nadie más podía usar en todo el mundo; también algunos ricos penachos de plumas y gran cantidad de joyas de oro y de plata.

Con toda reverencia y respeto, Pínotl entregó su rica ofrenda a Juan de Grijalva, jefe de los castellanos. Para el guerrero mexicano, éste era un importante sacrificio por medio del cual él, en nombre de Moctezuma II, tlatoani, emperador de los aztecas, daba la bienvenida a unos seres prodigiosos, venidos de más allá del cielo. Para los teules, en cambio, aquellos objetos no eran más que una pequeña muestra de las riquezas encerradas por las tierras y el reino mexicano, riquezas acerca de las cuales existía un sinfín de fábulas y leyendas.

Los teules sacaron apresuradamente de entre sus ropajes unos burdos collares, que llamaban rescates, hechos con cuentas de vidrio de colores, por los cuales no se mostraría interesado ni el más miserable de los pordioseros europeos. Pero a los ojos de los indios aquellas cuentas eran algo fabuloso, pues nunca habían visto nada igual. Los teules propusieron intercambiar aquellos rescates por los objetos valiosos que trajeran con-

sigo los mexicanos; éstos aceptaron alegremente y comenzaron a desprenderse de los pendientes de oro que traían en la nariz y en las orejas, de sus collares, de sus brazaletes y de cualquier objeto hecho de aquel metal o adornado con alguna piedra preciosa. A cambio, recibieron emocionados las baratijas españolas.

Los indígenas regresaron a tierra firme, y las naves de los teules volvieron a internarse en las aguas y la bruma del mar. Pínotl mismo, acompañado por una pequeña guardia, inició a pie el camino hacia Tenochtitlán, para comunicar a Moctezuma la gran noticia de que, efectivamente, los dioses habían llegado.

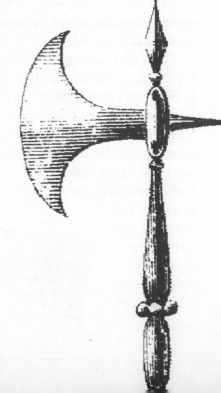

Los dos náufragos

Habían pasado ya casi dos años de la expedición de Juan de Grijalva a México. Un puñado de soldados españoles esperaba de pie frente al mar sobre la blanca arena de la isla de Cozumel. Hacía pocas que horas había amanecido, pero el sol era ya muy fuerte, y dentro de sus resplandecientes armaduras aquellos hombres sentían cocinarse. A lo lejos, sobre las inquietas aguas del mar, una pequeña embarcación maya se dirigía hacia ellos.

El capitán Hernán Cortés, jefe de los soldados, entrecerró los ojos y estiró un poco el cuello en el intento de distinguir a quienes tripulaban la lancha, que parecía una frágil y verde hoja de palma flotando en el azul increíble de aquel mar de sueño.

Los soldados estaban inquietos. Hacía muy pocos días habían conocido a los indios que poblaban aquellas tierras —mayas se llamaban a sí mismos—, y no sabían si podían confiar en ellos o si todo aquello era una trampa. Pero Cortés aguardaba ansioso que llegara la lancha, pues, según había entendido, en ella los indios ¡traían a un español!, ¡a un español que vivía en aquellas tierras desde hacía años!

Cortés sabía que no era el primero en realizar una expedición a aquellas tierras, pero no tenía noticia de que algún naufragio hubiera ocurrido cerca de ahí. Incluso la difícil expedición del capitán Francisco Hernández de Córdoba, anterior a la de Grijalva, había regresado completa a Cuba, con todo y que a los pocos días el propio Hernández de Córdoba había muerto, a causa de las heridas que recibió luchando contra los indios de Champotón, en las costas mexicanas.

La pequeña embarcación se

había acercado lo suficiente para que los soldados españoles pudieran distinguir mejor a quienes venían tripulándola, pero hasta donde se podía ver, todos aquellos hombres, unos cinco o seis en total, eran mayas: traían el torso descubierto; algunos tenían el rostro y parte del cuerpo pintados de colores; portaban brazaletes, vistosos penachos de plumas y diferentes adornos que les colgaban de la cara, de la cabeza y del cuello... Nada, nada que pareciera español.

Los hombres comenzaron a inquietarse; algunos hasta empuñaron sigilosamente su espada, temiendo lo peor. El capitán permaneció quieto y silencioso, esperando lo que fuera a suceder.

Cuando la lancha remontaba ligeramente las olas más cercanas a la playa, uno de los indios, impaciente, se lanzó al agua, que entonces le llegaba a la mitad del pecho, y comenzó a acercarse, por su propio esfuerzo, al grupo de soldados. Unos cuantos pasos adelante, cayó de rodillas y alzó los brazos al cielo, pronunciando unas palabras que los españoles no alcanzaron a escuchar. Luego se santiguó a la manera católica, lo cual sí ocasionó que los españoles se

inquietaran: ¿Qué era aquello? ¿Acaso ya los indígenas conocían y practicaban la religión de Cristo?

El indio se incorporó, corrió algunos pasos y volvió a caer de rodillas, al tiempo que exclamaba «gracias, Señor» y después un torrente de palabras en un idioma ininteligible.

Los españoles escucharon aquellas exclamaciones y no supieron qué pensar.

Cuando llegó frente a Cortés, el indio le abrazó las piernas. Lloraba. Los soldados estaban atónitos.

De entre sus ropas, el indígena sacó un pequeño envoltorio de seda casi deshecha; lo abrió apresuradamente y extrajo, con mucho cuidado, como si se tratara del pétalo de una flor, que pudiera desintegrarse hasta con el suave roce de la brisa marina, una estampa de la Virgen de la Caridad, la cual mostró a Cortés.

—Gracias, Señor... Gracias —repetía, enloquecido.
Entonces los soldados comprendieron que aquel indio, cuya piel estaba oscurecida por el sol, que andaba casi desnudo, con plumas en la cabeza, con el cuerpo pintado de colores y cuyo rostro tenía agujeros en las orejas y en la nariz, de donde colgaban distintos objetos de oro y de otros materiales, era en realidad un español, aquel náufrago del que habían tenido noticia hacía poco tiempo.

Entre los europeos aquel salvaje había sido el padre Jerónimo de Aguilar, español, católico y colonizador de las Indias Occidentales.

Una vez en el campamento español, con ropa europea y hablando un perfecto castellano, el padre Jerónimo de Aguilar platicó a Cortés y a sus más allegados cómo había naufragado la nave en que él y otras docenas de hombres y mujeres realizaban un viaje bajo las órdenes de Juan de Valdivia, que tenía como destino la isla de la Española, cerca de Cuba. Relató cómo milagrosamente se había salvado de morir en medio de una tormenta feroz de olas negras gigantescas, y de cómo él y otros siete sobrevivientes habían caído en poder de los mayas como prisioneros. Relató los muchos sufrimientos que tuvieron que soportar en esa extraña sociedad y añadió que sólo dos de los siete náufragos seguían todavía vivos: él y el marino Gonzalo Guerrero, quien se había casado con una mujer maya y tenía tierras, esclavos y algunas riquezas, y se había acostumbrado a vivir como aquella gente.

Cortés alabó la fuerza y el coraje del sacerdote. Luego añadió:

—Usted nos puede ayudar mucho. Venga con nosotros. Ayúdenos a ganar estas tierras para el rey de España.

—Ustedes me han salvado, capitán, —respondió el sacerdote— mi destino está a su lado.

Al día siguiente, la flota comandada por Hernán Cortés, compuesta por 11 barcos, 508 soldados —sin contar marinos—, 16 caballos y yeguas, 32 ballesteros y 13 escopeteros, partió con rumbo a Tabasco, donde la expedición de Hernández de Córdoba, un par de años atrás, había sido derrotada por los indígenas.

Con la ayuda del padre Jerónimo de Aguilar, Cortés podría entender lo que pensaban y cómo vivían los indios de la tierra maya, y a la vez darse a entender con ellos, lo que facilitaría mucho la realización de sus planes.

Por su parte, Gonzalo Guerrero, el otro náufrago, estaba en Champotón, esperando la llegada de nuevas expediciones españolas. Bajo sus órdenes, los indios mayas habían logrado derrotar a las tropas de Francisco Hernández de Córdoba, y estaba decidido a impedir que cualquier otra expedición europea desembarcara en las costas de México, pues con ella llegarían la maldad, el amor al oro, la traición, la hipocresía y la muerte. Sólo la historia habría de decir si Gonzalo Guerrero estaba equivocado.

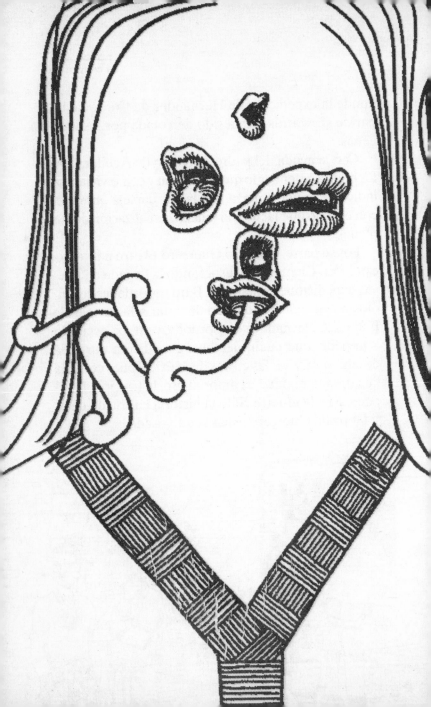

Malinalli

5

El ejército maya de Tabasco, con más de 12 000 hombres, había sido vencido fácilmente por los 600 soldados de la flota de Hernán Cortés. Las flechas y piedras de los mayas poco pudieron hacer contra los fusiles, los cañones y las armaduras españolas.

Ahora, derrotados, los jefes indígenas del pueblo de Tabasco se presentaban en el campamento que los hombres de Cortés habían levantado en la playa. El jefe español permanecía altivo y silencioso sentado majestuosamente en una silla que más bien parecía un trono, y con una actitud que hizo pensar a los indígenas que en realidad aquellos eran dioses.

—Venimos a pedirte la paz, señor —dijo, en maya, el más anciano de los jefes indios.

Jerónimo de Aguilar, que se encontraba de pie, y elegantemente vestido, a un lado de Cortés, se apresuró a traducir al castellano las palabras del anciano. Cortés siguió callado.

—Te pedimos perdón —continuó el viejo— por haberte hecho la guerra. Y deseamos hacerte saber que, si lo aceptas, nuestro pueblo siempre será tu amigo, señor.

Cortés escuchó la traducción del padre Aguilar, arqueó una ceja y levantó un poco la barbilla, sin decir una sola palabra.

—Como prueba de nuestro arrepentimiento te hemos traído algunos regalos.

Entonces el capitán español pronunció un par de palabras. Dijo:

—Bien, veamos.

El anciano maya dio órdenes a algunos jóvenes guerreros que venían en su comitiva. Éstos echaron a correr y pronto volvieron, escoltando a no menos de cincuenta cargadores que traían a cuestas diversos objetos muy valiosos: mantos, joyas, adornos de plumas, escudos, todo tipo de objetos de oro y de plata, lanzas, arcos, flechas y muchas cosas más.

Señor —agregó el anciano— también queremos darte algunas mujeres, para que tus guerreros las tomen como esposas.

Todavía el padre Aguilar estaba traduciendo estas palabras cuando fue presentado ante Cortés un grupo de hermosas jovencitas indígenas, con una cara de terror que apenas podían disimular.

De entre todas ellas, hay una muy especial —explicó el viejo, al tiempo que tomaba del hombro a una—. Se llama Malinalli y es una princesa.

Cuando escuchó la traducción de estas últimas palabras, Cortés dijo a Aguilar que pidiera al jefe maya mayores explicaciones.

—Ella era princesa de una ciudad que pertenece al reino del gran Moctezuma —explicó el viejo—, pero sus familiares, para quedarse con el poder, nos la dieron como esclava; es inteligente y muy trabajadora.

—Pregunta si ella sabe hablar la lengua de este Montezuma —ordenó Cortés a Aguilar.

—Los aztecas hablan náhuatl —explicó el viejo—, y ése fue el primer idioma que habló Malinalli.

Cortés entonces volteó a mirar con mayor detenimiento a la joven. Le pareció que era hermosa y que un brillo de inteligencia iluminaba su mirada triste.

—¿Cómo es que se llama? —preguntó Cortés a Aguilar—. Éste le hizo la pregunta en maya a la joven.

—Malintzin —respondió ella.

—¿Malinche? —preguntó Cortés.

—Malintzin o Malinalli —intervino otro de los ancianos jefes mayas—. Así se llama la jovencita, señor.

—Bien —dijo Cortés al tiempo que se incorporaba—. Lleven el botín y las mujeres a mi nave. Den algunos rescates a estos hombres, y a ella… —añadió señalando con un movimiento de cabeza a Malinalli— a ella déjenla conmigo.

El mensaje de Moctezuma

—Mi señor Moctezuma —dijo a Cortés el embajador azteca— te envía estos nuevos regalos, señor Malinche.

Los aztecas curiosamente daban el nombre de Malinche a Cortés, y no a la muchacha indígena.

Los cargadores indios, llamados tamemes, presentaron al capitán español los regalos de Moctezuma: joyas, tejidos, plumas, máscaras de jade y muchas otras preciosidades, de entre las

que destacaban dos enormes discos, del tamaño de una rueda de carreta; uno de oro, con diseños que representaban el sol, y otro de plata, dedicado a la luna.

Malintzin tradujo las palabras del náhuatl al maya, y Jerónimo de Aguilar, del maya al español. El capitán de los teules, con una gran sonrisa en el rostro y la mirada fija en el disco de oro, dijo a Aguilar:

—Dile a estos hombres que recibo humildemente su regalo y que me consideren un amigo de Tenochtitlán —el sacerdote tradujo aquellas frases al maya, y luego Malinalli, al náhuatl.

—Ahora —añadió Cortés— pregúntale al embajador qué respuesta ha dado su *Montezuma* a mi solicitud de ir a visitarlo personalmente... Pregúntale si nos ha invitado a Tenochtitlán.

Hacía aproximadamente un mes que los embajadores de Moctezuma habían tenido su primer encuentro con Cortés y sus hombres en la playa. En aquella ocasión, el capitán de los teules no se había mostrado tan amable y amistoso como ahora.

En su primera visita los aztecas también habían llevado valiosos regalos para los españoles: trajes finísimos de piedras, plumas y oro, joyas, objetos raros y preciosos, además de un verdadero banquete, compuesto por carne de guajolote, pescados, tortillas, huevos de diferentes aves, venado, salsas exquisitas y muchos platillos diferentes.

Antes de comenzar a comer, Cortés dijo a los embajadores, por medio de Malinalli y Aguilar, que había hecho un viaje muy largo, por órdenes de su señor, el rey de España, para conocer a Moctezuma, y que deseaba ser invitado para visitar la ciudad de Tenochtitlán. Los embajadores le aseguraron que llevarían esa petición hasta los oídos del tlatoani, y comenzaron a comer.

Todo iba bien en el banquete, cuando uno de los sacerdotes indígenas recibió de sus ayudantes un recipiente de barro que contenía sangre humana. Según las creencias mexicanas, los dioses bebían sangre, y por ello el sacerdote le dio el recipiente a Cortés, invitándolo a que bebiera. Cuando Cortés comprendió, por medio de Malintzin y Aguilar, lo que se le estaba ofreciendo, inmediatamente se puso de pie, empuñó su espada y de una sola estocada atravesó el pecho del sorprendido azteca, con lo que provocó el espanto de los representantes indígenas y la alarma de los españoles.

Más tarde, mandó encadenar a los indígenas e hizo ante ellos una muestra de su poder militar. Ordenó que los jinetes montaran sus corceles y corrieran a todo galope. Los indios no conocían los caballos y al verlos creyeron que eran seres mágicos y poderosos, con una inteligencia igual a la humana. Luego

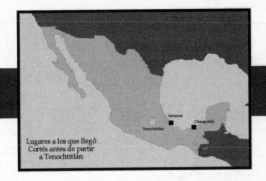

Lugares a los que llegó
Cortés antes de partir
a Tenochtitlán

se dispararon los cañones, y fue tanto el horror que
esto produjo en los indígenas que algunos incluso se
desmayaron.

Para terminar, por órdenes de Cortés, algunos soldados españoles simularon un combate frente a los
atemorizados indígenas. Vestían sus armaduras y hacían chocar ruidosamente sus armas de metal, al tiempo que lanzaban poderosos gritos y maldiciones.

Cuando, al caer la tarde, se le quitaron las cadenas
a los indígenas, Cortés los retó para que al amanecer
lucharan contra sus soldados. Los embajadores, sin
decir palabra, huyeron por la noche y no pararon hasta llegar a Tenochtitlán, frente al gran tlatoani, a quien
hicieron saber todo lo que los teules habían hecho
durante aquel primer encuentro.

Moctezuma no supo cómo responder. Si los llamados teules fueran hombres comunes y mortales, no
lo habría pensado dos veces para enviar contra ellos
todo su poderoso ejército y terminar de un solo gol-

pe hasta con su sombra; pero, al parecer, en verdad eran dioses.

Eran ya demasiadas las señales funestas en Tenochtitlán, y la peor de todas, la que encerraba un mayor significado, era que corría el año 1-Ácatl (1519 para los europeos), que en el calendario azteca estaba consagrado a Quetzalcóatl, lo que era signo casi inequívoco de que en realidad se trataba de aquel dios que volvía.

Pero, por otra parte, si en realidad eran dioses, ¿por qué pedían autorización para entrar en Tenochtitlán? Los dioses son poderosos, no piden permiso.

¿Qué hacer? ¿Qué respuesta podría dar Moctezuma?

Al fin, tomó una decisión y envió una nueva comitiva a Cortés.

De nuevo frente a los teules, y una vez que habían hecho entrega de los discos de la Luna y el Sol, el embajador mexicano dio a Cortés la respuesta de Moctezuma.

—Señor Malinche —dijo con voz tranquila y segura—, el tlatoani, señor de los mexicanos, quiere que sepas que está muy feliz y honrado por la visita que nos has hecho... Moctezuma te envía estos ricos presentes como muestra de amistad, y me ha ordenado, así como a toda la gente que viene conmigo, que te sirvamos en todo lo que desees.

Cortés no dejó de sonreír, mientras escuchaba aquel mensaje de labios del padre Aguilar.

—Y Moctezuma te pide, querido señor Malinche —concluyó el indígena—, que regreses por el camino que viniste, porque no eres bienvenido en Tenochtitlán. Que te vayas y no vuelvas a venir.

El otro Cortés

7

Era muy de mañana cuando llegó al campamento español una nueva comitiva enviada por Moctezuma. Era un gran grupo de gente, vestida de manera muy colorida, con muchas plumas, como era el uso de los aztecas. Parecía un alegre desfile de carnaval. Cortés, en compañía del padre Aguilar y de Malinalli, se apresuró a recibir a aquel grupo de personas, con la esperanza de que trajeran la ansiada invitación de Moctezuma para finalmente visitar Tenochtitlán.

¿En realidad era tan grandiosa y rica como se había llegado a imaginar, gracias a las maravilladas descripciones que de ella hacían los enviados del tlatoani?

—Señor Malinche —dijeron los personajes que venían encabezando la procesión—, te traemos un regalo más de nuestro señor Moctezuma.

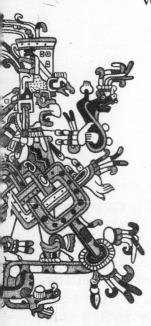

Dieron una orden con voz fuerte, y de entre el tumulto surgió un curioso grupo de personas: cuatro criados que venían cargando una especie de sombrilla grande, de cuyos bordes pendían ricas cortinas que casi llegaban al suelo.

—Éste es tu regalo —dijeron los embajadores, al tiempo que los criados corrían las cortinas.

Lo que quedó a la vista fue nada menos que ¡otro Cortés!, una persona idéntica al capitán de los teules: tenía la piel blanca y estaba barbado. El rostro era casi idéntico, así como el cabello, la estatura y la complexión; la única diferencia notable entre los dos era la forma de vestir, pues el segundo Cortés venía vestido a la elegante manera de los gobernantes indígenas.

Aquella procesión venía cargada, más que con regalos suntuosos como las anteriores, con provisiones

para que el campamento de los españoles no pasara por ninguna necesi-
dad: comida, animales, mantas, ropa
y sirvientes.

Después de las primeras frases de
bienvenida y asombro, Cortés invitó
a la comitiva a instalarse en el campamento. Así se inició un tiempo en el
que los españoles se la pasaron muy bien, porque
aun cuando no tenían una invitación para entrar a
Tenochtitlán, los mexicanos les dieron trato de amigos y no sólo eso, sino de verdaderos invitados de
honor. Fue una de las pocas etapas de descanso y
recreo que tuvieron los conquistadores.

Estaban esperando algo, pero no sabían precisamente qué. Sabían que Moctezuma los consideraba
dioses y que no encontraba la manera correcta de
reaccionar; tal vez por lo mismo tenían la esperanza
de que algo especial, diferente, sucediera de un momento a otro.

Mientras tanto, el doble de Cortés, al cual los españoles llamaban simplemente Cor-
tés, llegó a ser un personaje apreciado —tal vez como se aprecia a un
bufón— en el campamento español.
Iba de un lado a otro preguntando:
«¿qué es esto?... «¿qué es aquello?»
y recibiendo las explicaciones, un poco en serio, un poco en broma, de sol-

dados y marinos, de esclavos y sirvientes. Con la comitiva indígena había llegado también un grupo de
pintores y otro de sabios que, al igual que el segundo
Cortés, convivieron mucho con los hombres que vivían en el campamento, haciendo dibujos de casi cada
objeto y preguntando acerca de todo. Con el tiempo,
algunos de estos dibujantes y sabios regresaban a
Tenochtitlán, y eran reemplazados rápidamente por
otros tantos indígenas, que seguían con la misma actitud.

Los españoles ignoraban que todo aquello era un
recurso de Moctezuma para aniquilarlos: Los sabios
eran brujos y hechiceros, que pretendían realizar un
encantamiento capaz de alejar a los teules de aquellas tierras, aunque fuera matándolos. Las figuras ela-
boradas por los dibujantes eran utilizadas por estos
hechiceros para realizar su trabajo, y, finalmente, la
pieza clave de todo era el segundo Cortés, quien había sido enviado no sólo para conseguir información,
sino sobre todo para suplantar al capitán español en
los hechizos que habrían de realizarse en Tenochtitlán.

Pero las artes mágicas de los indios nada hicieron
contra la voluntad de conquista, la ambición y la fe
ciega de los españoles.

Cuando Moctezuma se dio cuenta de la inutilidad
de los poderes de sus hechiceros, simplemente ordenó retirar toda ayuda y abandonar a su suerte a los
teules.

Una mañana, el campamento amaneció sólo con un Cortés; el otro había desaparecido, junto con todos los bastimentos y la ayuda enviada por el emperador.

Sobre este segundo Cortés los magos de Tenochtitlán realizarían aún una serie de ritos y sortilegios, pero nada habrían de lograr.

El capitán general, un hombre audaz

8

Las llamas brotaban rabiosas de entre los tablones de las naves, lo mordían todo, lo devoraban, destruían la flota completa en que la expedición de Hernán Cortés había llegado a esta tierra nueva y maravillosa. La madera crujía al convertirse gradualmente en cenizas, de la misma manera que crujían los dientes de algunos de los soldados españoles, enloquecidos por la rabia y el temor, ante la posibilidad de nunca más volver, ya no a Europa, sino por lo menos a Cuba, último punto de la civilización española.

¿Qué estaba sucediendo? ¿Quién era el loco que había iniciado el incendio? ¿Por qué Cortés permanecía inmóvil, frente al desastre?

La desgracia parecía acechar a los conquistadores: no sólo habían sido abandonados por los enviados aztecas, quienes hasta hacía un par de semanas eran sus únicos proveedores de alimentos, no sólo habían comenzado las riñas entre el capitán Cortés y algunos de sus marinos y soldados, quienes desconocían la autoridad de éste y estaban exigiendo volver a Cuba. Ahora las naves —único medio para salir de aquella tierra extraña—, o lo poco que de ellas dejara el incendio, se iban al fondo del mar.

A decir de algunos, Cortés había comenzado a enloquecer desde cierto día en que, muy de mañana, celebró un extraño acto legal en un arenal frente a la isla de Sacrificios:

En aquella ocasión, el capitán convocó a toda la expedición a la sombra de una gran palmera. Cuando todos estuvieron presentes, declaró formalmente fundada, «en nombre de los muy poderosos, exce-

lentísimos, muy católicos y muy grandes reyes y señores doña Juana y el emperador Carlos V, su hijo», la primera ciudad española en tierras mexicanas: la Villa Rica de la Vera Cruz.

Pocos fueron quienes comprendieron lo que sucedía, y menos aún quienes entrevieron los planes de Cortés cuando éste designó una junta de gobierno para la nueva ciudad, cuya mayoría estaba compuesta por sus hombres más leales.

Acto seguido a la toma de posesión, y como primer acto de gobierno, la junta aceptó la renuncia de Cortés como explorador al servicio del gobernador de Cuba, y lo nombró capitán general de la expedición de conquista, a la vez que justicia mayor de la ciudad, y, por lo tanto, de todas las tierras por descubrir y conquistar.

La mayor parte de la tripulación y los soldados presentes observaban aquellos actos, tan formales, tan pomposos, tan incomprensibles, con curiosidad y algo de ironía. No faltó quien dijera: «al capitán se le botó el coco, ¿qué se imagina que está haciendo?». Pero de la risa pasaron a la preocupación; un par de días después, cuando Cortés, ejerciendo los nuevos

poderes que le había concedido la junta de gobierno, mandó ejecutar al par de revoltosos que insistían en regresar a Cuba. Y peor aún, cuando, bajo sus órdenes, algunos hombres vaciaron las naves, cuidando de guardar en lugar seguro en tierra firme la mayor cantidad posible de piezas metálicas.

¿Qué había hecho en realidad Cortés con toda esta ceremonia? Casi nada: había inventado un gobierno para las nuevas tierras, con lo que Diego Velázquez, el gobernador de Cuba, perdía todo su derecho sobre ellas. Y posteriormente había hecho que ese gobierno lo reconociera a él como jefe supremo, de manera que ahora tenía totalmente en sus manos la expedición, y su único jefe era el rey de España, quien bien podía ser pasado por alto, pues vivía del otro lado del mar.

Más de uno de los soldados observó cómo, mientras las naves se quemaban en el puerto de la Villa Rica de la Vera Cruz, la mirada del capitán general y justicia mayor de las nuevas tierras llameaba más intensamente que las lenguas de fuego.

Aquella fogosa mirada, sin palabras, era toda una audaz afirmación. Decía: «conquisto esta tierra, o muero en ella, junto con mis hombres».

La ciudad de plata

9

«¡Vaya personaje, tan curioso!»
se decía Cortés, mientras escuchaba la traducción de las razones del gobernador de la ciudad
de Cempoala.

Esta ciudad era la capital de las
tribus totonacas, quienes se acer-
caron a la villa española tiempo
después de que se habían alejado los aztecas, y pronto se dieron
a conocer como gente amistosa y
bullanguera.

Los oficiales españoles que se
hallaban presentes en aquella pri-

mera entrevista, celebrada entre el capitán general y un gobernador indígena, compartían el mismo pensamiento: «¡vaya personaje, tan curioso!».

Los totonacas eran hombres muy diferentes a los aztecas; tenían la piel algo más oscura, eran más pequeños y menos robustos, pero la principal diferencia radicaba en que sus orejas y labios inferiores les colgaban, visiblemente deformados debido al uso de pesadas joyas de oro.

Si los totonacas en general gustaban de la charla y lo hacían en voz alta y moviendo mucho los brazos, el gobernador de la ciudad de Cempoala los dejaba atrás. Éste era un hombre gordo y simpático, que cuando tomaba la palabra no estaba dispuesto, por lo visto, a dejarla. En su discurso pasaba de un estado de ánimo a otro, gritaba, susurraba, se encolerizaba y, de cuando en cuando, la ternura lo embargaba al punto de arrancarle un par de lágrimas.

«¡Vaya personaje, tan curioso!» pensaban los españoles al escucharlo.

—No habíamos venido antes porque aquí estaban los de Culhúa —explicó en su lengua el gobernador totonaca, mientras un intérprete traducía las palabras a Malintzin, para que luego ésta diera el mensaje al padre Aguilar, y finalmente éste a Cortés.

—¿Los de Culhúa? —interrogó el capitán general.

—Así llaman a los aztecas, señor —explicó Malintzin, que comenzaba a entender el español.

El relato continuó:

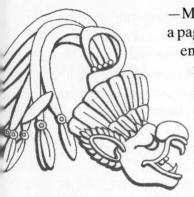

—Moctezuma es cruel, nos obliga a pagarle tributo y si nos tardamos en dárselo, toma como prisioneros a nuestros hijos e hijas y se los lleva a Tenochtitlán para sus sacrificios.

Cortés tenía un gesto de franca preocupación, aunque extrañamente mezclado con una sonrisa de satisfacción.

—Y no podemos negarnos a que se los lleven, pues si le hiciéramos algo a los enviados de Moctezuma, pronto llegarían aquí sus temibles ejércitos y nos matarían, quemarían nuestra ciudad y se llevarían a los pocos sobrevivientes para sacrificarlos en Tenochtitlán.

Las palabras del gobernador indígena habían sorprendido a los oficiales españoles, pero aún más que ellas, lo que provocaba su admiración eran las vistosas joyas que él y sus sirvientes lucían por todo el cuerpo. No podían dejar de pensar que cerca de ahí, muy cerca, se encontraba la ciudad de oro acerca de la cual corrían por entonces muchas leyendas.

Leyendas... leyendas que anidaban en la cabeza de los españoles, como juguetonas y cambiantes gaviotas, leyendas que habían dado lugar a todo tipo de episodios, desde riñas y traiciones hasta situaciones vergonzosas o cómicas, que todos recordaban riendo.

Por ejemplo, aquella que sucedió cuando Cortés, luego de haber fundado Veracruz aceptó la invitación de los enviados totonacas para visitar la ciudad de Cempoala y junto con un grupo de hombres se internó rumbo a ella por estrechos senderos.

Tras horas de difícil camino, de pronto, un par de hombres de entre quienes iban al frente de la columna, gritaron, locos de gusto y de ambición satisfecha: «ahí está, ahí está».

Los expedicionarios, sorprendidos, salieron de su sopor.

—Ahí está, la ciudad de plata —gritaron aquellos dos, al tiempo que fustigaban a sus caballos para adelantarse a los demás.

La voz recorrió la columna: «plata, plata... ¿qué dicen?... ¡que hay una ciudad hecha de plata!».

No pasó mucho tiempo para que los jinetes regresaran, desanimados, hasta donde se encontraban

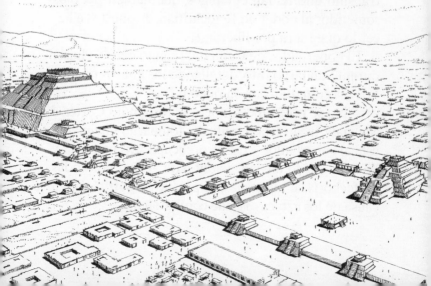

sus ya entonces inquietos compañeros. Explicaron, avergonzados:

—No, no es plata... es cal.

La columna entera explotó en carcajadas.

—Es una ciudad encalada y limpia, como no hemos visto ninguna —trataron de desviar la atención los jinetes, que tan cómicamente habían sido traicionados por su mente y su ambición.

Pero todo fue en vano. Los otros no dejaron de reír durante toda la jornada y aún en días posteriores.

«Plata... plata...», repetían burlonamente cuando topaban con alguno de los desafortunados.

Pero más que oro y riquezas, de entre las muchas buenas nuevas que Cortés y sus hombres recibieron de los totonacas, la mejor fue que Moctezuma y los aztecas no eran dueños absolutos de toda aquella tierra, sino que tenían enemigos, que habían pueblos sometidos al poder de Tenochtitlán, dispuestos a hacer lo que fuera por liberarse.

El gobernador de Cempoala siguió con su charla durante un largo rato, detallando los abusos que los aztecas cometían con su pueblo.

—No se preocupe, señor —le respondió Cortés a Malinalli, luego ésta al traductor totonaca y finalmente éste al gobernador—, no se preocupe. Mis hombres y yo hemos sido enviados aquí para acabar con todas las fechorías e injusticias; su pueblo no sufrirá más a causa de los aztecas. Puede confiar en mí.

Y mientras pronunciaba estas palabras, en su mente Cortés embonaba las piezas de un intrincado rompecabezas, por medio del cual pretendía, ya no sólo llegar a Tenochtitlán, sino terminar con el predominio de Moctezuma sobre todo aquel extenso y rico territorio, llegar a convertirse en el amo y señor de todo aquello.

Los engaños de Cortés

1 0

Era la mañana del 16 de agosto de 1519. Cortés cabalgaba orgulloso al frente de una nutrida columna de guerreros españoles e indígenas, provenientes de la ciudad totonaca de Cempoala. Los primeros rayos del sol resplandecían en las armaduras españolas, con un brillo frío y cortante, como las metálicas armas europeas.

Los totonacas no iban precisamente a la guerra, aunque a ella irían si fuera preciso, con tal de conquistar su libertad y sacudirse el yugo de los sangrientos aztecas. Cortés sí iba a la guerra, a la guerra y la muerte, o al poder y la gloria. Ésa era su determinación.

El ejército invasor había crecido, y Moctezuma ya estaba enterado de ello, pero ¿cómo había logrado esto Cortés? La respuesta es casi un trabalenguas, casi un rompecabezas:

Todavía de visita en tierras totonacas, Cortés se encontraba con algunos de sus hombres en la pequeña ciudad de Quiahuistla. Entonces llegó allí una comitiva de cinco nobles aztecas, enviados por Moctezuma con el fin de recaudar el tributo.

El capitán general vio llegar a estos embajadores, cubiertos con joyas, finos plumajes y tejidos, caminando debajo de ricos quitasoles y sobre esteras que solícitos criados iban tendiendo a su paso. Fue entonces cuando vio la oportunidad perfecta para iniciar su plan.

Fingió una gran indignación y dijo al jefe de Cempoala, aquel gordo y locuaz indígena, que esa visita era una ofensa para el pueblo de Cempoala y para todos los pueblos totonacas, una provocación de Moctezuma, quien estaba enterado de que los españoles eran amigos de los de Cempoala.

—Mi religión, mi rey y mi oficio de soldado me impiden quedarme con los brazos cruzados ante este atropello —afirmó, rojo de ira.

—Arréstelos, arréstelos por mí, por mi rey y por mi nombre —Malinalli se resistió un poco a traducir

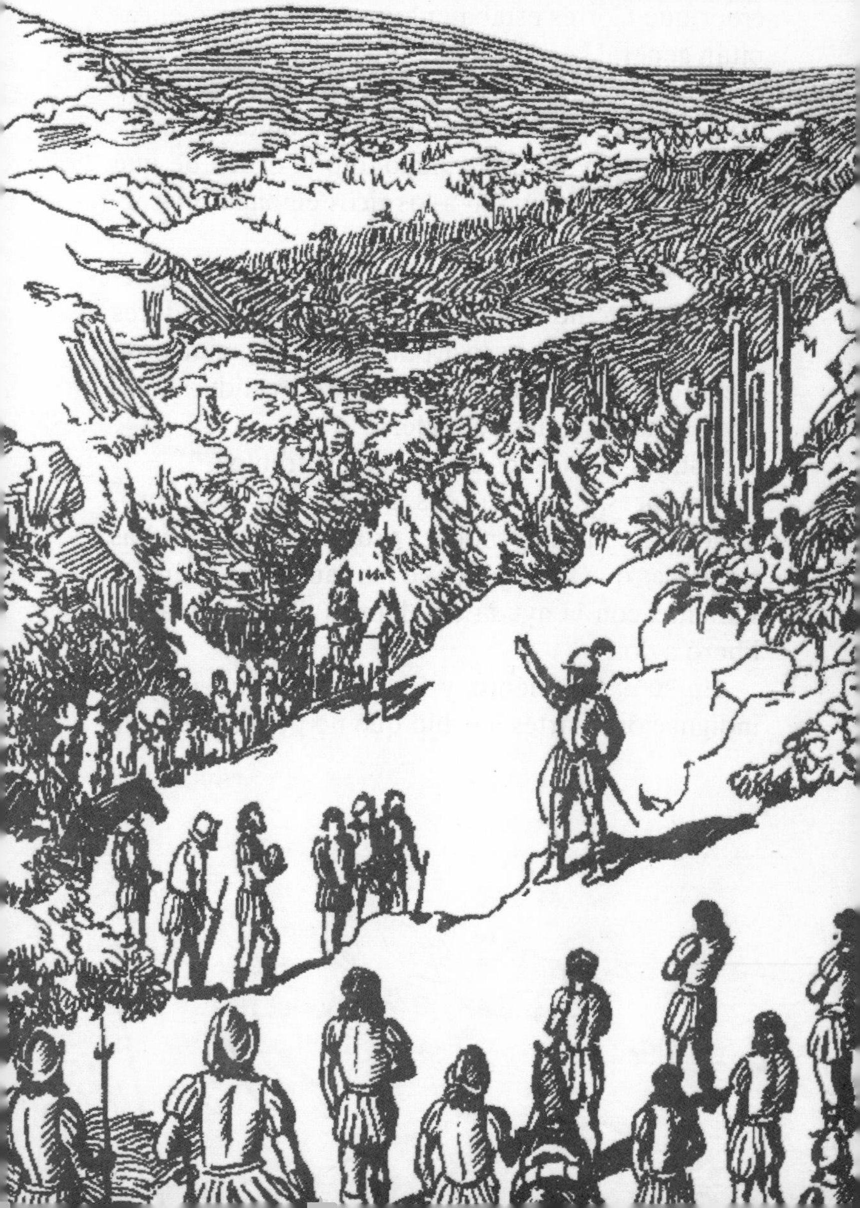

estas últimas palabras, pues también había llegado a creer que Cortés estaba enloqueciendo, pero el capitán general la sacudió del brazo.

El jefe totonaca no pudo disimular su gesto de espanto, pero finalmente, dando una muestra singular de coraje y de ingenuidad, dio la orden de que sus soldados arrestaran a los ricos embajadores aztecas.

No sin miedo, los guerreros totonacas cumplieron la orden: llevaron a rastras a los recaudadores aztecas hasta un grueso árbol, al cual los amarraron luego de haberles quitado sus ricas vestiduras, sus joyas y sus insignias de poder.

Así, los mexicanos cayeron en la trampa.

Entonces, Cortés dio el segundo paso de su enrollado plan: ya muy noche, ordenó a los guardias totonacas que se alejaran de los cautivos, y silenciosamente, con la ayuda de algunos de sus soldados, liberó a dos.

En su campamento, y fingiendo de nuevo gran indignación, Cortés les dijo que no podía tolerar la

insubordinación de los totonacas, que no podía soportar esa falta de respeto hacia el Señor de Tenochtitlán, y los envió con Moctezuma, como mensajeros de paz y amistad, y con la noticia de que rescataría a sus tres compañeros y los retendría en Veracruz, donde serían tratados conforme a su rango.

Los aztecas iniciaron el camino rumbo a Tenochtitlán, mientras Cortés fue a presentarse ante los gobernantes totonacas, otra vez fingiendo. Se dijo indignado por el hecho de que los guardias habían dejado escapar a un par de los recaudadores aztecas, y exigió que le fueran entregados los tres restantes, con el objeto de que él se ocupara de su resguardo.

Los recaudadores liberados regresaron a Tenochtitlán, donde ya Moctezuma había comenzado a movilizar a sus ejércitos para reprimir la osadía totonaca, y, tal vez, finalmente, enfrentar a los españoles.

Pero el mensaje de paz y amistad enviado por Cortés hizo titubear al emperador, hundiéndolo de nuevo en sus dudas.

Mientras tanto, Cortés se había colocado en medio de los bandos opuestos: por una parte los poderosos aztecas y por otra el numeroso pueblo totonaca. El capitán general era, a la vez, amigo y enemigo de los unos y de los otros. Así como era grande su arrojo y valentía, también lo era su capacidad para mentir.

Lo más pronto que pudo, el capitán general organizó junto con sus oficiales la marcha rumbo a Tenochtitlán, pues quería aprovechar el desconcierto que seguramente provocarían sus palabras no sólo entre los aztecas, sino también entre los pueblos aliados a ellos y los que se querían rebelar.

Ésa era la razón por la que aquella mañana del 16 de agosto de 1519, al frente de una gran caravana compuesta por 400 españoles, 1 600 indígenas totonacas aliados, un puñado de esclavos africanos, unos cuantos indígenas antillanos, 15 caballos y 16 cañones, Cortés cabalgaba optimista y orgulloso: finalmente iniciaba el camino hacia el centro del país, hacia las tierras altas, hacia el reino de Tenochtitlán.

El capitán general y justicia mayor de las tierras conquistadas, don Hernando de Cortés, iba sonriente, radiante de poder; había encontrado una grieta por la cual colarse hasta el centro del imperio más poderoso de aquellas tierras, y contaba con el apoyo de muchos indios, quienes veían en él la oportunidad de sacudirse el cruel y sanguinario yugo que los aztecas les tenían impuesto.

Los feroces tlaxcaltecas

1

Xicoténcatl, el joven, era un hombre alto y fuerte, de anchas espaldas y gesto bravo. Era el jefe supremo del ejército tlaxcalteca, y ahora se encontraba de pie, con la mirada baja, como signo de humillación, frente a Cortés, dirigiéndole palabras de paz y de arrepentimiento.

—Perdónanos, señor Malinche, por haberte atacado, no sabíamos quién eras ni cuál era tu cometido.

Siete meses después del arribo de la expedición española a las costas de Veracruz, cuando Cortés y sus aliados totonacas penetraron en el país de los tlaxcaltecas (un extenso territorio libre del poder azteca, pero totalmente rodeado por éste), Xicoténcatl organizó una respuesta militar muy fuerte, pues consideraba que aquellos invasores eran aliados de los aztecas, sus eternos enemigos.

Aquella fue la primera ocasión en que se dio un verdadero enfrentamiento entre los ejércitos nativos y el español, y la primera oportunidad que Cortés tuvo para probar y afinar sus estrategias.

Para los indígenas, la guerra tenía un sentido diferente del que tenía para los españoles: era una especie de gran fiesta sangrienta, a la que acudían ataviados con sus más vistosos y pesados trajes, muy impresionantes aunque poco prácticos. La lucha era casi siempre cuerpo a cuerpo, y el principal objetivo —sobre todo en las batallas que mantenían aztecas contra tlaxcaltecas, llamadas guerras floridas— era tomar prisioneros, que posteriormente serían sacrificados en los templos.

Mientras tanto, para los españoles la guerra significaba simplemente la oportunidad de someter, en el campo de batalla, al ejército contrario, para lo cual había que matar allí mismo a la cantidad de gente necesaria, como en un gran juego de ajedrez en que se movían las piezas de acuerdo a una gran estrategia a cargo del capitán.

La estrategia militar de Cortés consistió en tres sencillos pasos: primero, atacar frente a frente con la caballería, para provocar el espanto y el desconcierto entre los excitados indígenas, vestidos de gala.

Ya rotas las apretadas filas en que realizaban su ataque los indígenas, hacían fuego los cañones, lo que terminaba con la agresividad del enemigo e iniciaba su retirada. Finalmente, el tercer paso consistía en la entrada de los aliados totonacas, que llegaban a terminar, cuerpo a cuerpo, con la obra de destrucción.

El ejército contra el que lucharon los hombres de Cortés en esta ocasión era de más de cien mil hombres, y aun cuando la desventaja numérica era muy grande, logró vencerlo rápidamente, para continuar el avance sin demoras.

En varias ocasiones más, los feroces guerreros tlaxcaltecas, famosos en todo el territorio de México debido a su valor y agresividad, enfrentaron a los teules, pero difícilmente pudieron causarles algún daño.

Entonces cambiaron de estrategia: dejaron de atacar y enviaron algunos emisarios de paz con provisiones para los españoles, pero con la misión secreta de espiar y recopilar toda la información necesaria para saber cómo estaba organizado el ejército conquistador, dónde tenía sus armas, cuántos hombres lo formaban, cuáles eran sus estrategias de ataque y todo lo que fuera importante saber.

Con la información que así recopilaron, los tlaxcaltecas comenzaron a realizar ataques nocturnos. Pensaban que los españoles, por haber venido de oriente, del mar de oriente, del lugar donde sale el sol, eran hijos de ese astro, y que al ser atacados de noche, no tendrían fuerzas para resistir. Pero pronto aprendieron que aquella idea era totalmente falsa, pues de cualquier forma las fuerzas españolas parecían invencibles.

Cuando Cortés se enteró del espionaje, tomó una decisión muy drástica: apresó a todos los tlaxcaltecas presentes en el campamento, que sumaban alrededor de cincuenta, y mandó que se les cortaran las manos.

Xicoténcatl, el joven, jefe de los ejércitos tlaxcaltecas, estaba dispuesto a morir, junto con todo su pueblo, antes que rendirse ante los españoles, pero los gobernantes tlaxcaltecas más ancianos decidieron pedir la paz, argumentando que tal vez la alianza con los españoles les podría librar de las acechanzas de los aztecas.

Xicoténcatl, el joven, pensaba que someterse a los españoles traería peores consecuencias, incluso, que rendirse a los aztecas.

Los ancianos no aceptaron estas razones, y lo obligaron a ser precisamente él —el único que veía claramente los posibles resultados funestos de aliarse con los españoles— quien fuera a rendirse, y él, como hombre de honor y como soldado disciplinado, cumplió la orden: se presentó ante Cortés y humildemente pidió la paz. Dijo:

—Señor Malinche, te pedimos perdón por haberte atacado. Nosotros somos un pueblo libre y hemos estado siempre dispuestos a morir antes que entregarnos. Como tú ves, los aztecas tienen cercado nuestro territorio. Somos un gran pueblo y por culpa de los aztecas no podemos salir hacia el mar para conseguir pescado, ni sal, ni podemos llegar a las tierras más cálidas, para conseguir algodón con el cual podamos confeccionar nuestro abrigo. Pero estamos decididos a defendernos y seguir siendo hombres libres.

La labor de traducción era realizada casi exclusivamente por doña Marina, quien requería del auxilio del padre Aguilar sólo en ciertos casos particularmente difíciles.

—Ahora que has llegado —continuó Xicoténcatl— podemos acompañarte hasta Tenochtitlán y ahí, con tu ayuda, lograr que mi pueblo viva en mejores condiciones.

—Considéranos amigos tuyos y —tenía gran dificultad para hablar, pero debía obedecer—... como tus amigos, señor Malinche, y... y como tus sirvientes.

Tras pronunciar esta última frase, Xicoténcatl enmudeció y tuvo el íntimo deseo de mejor estar muerto, o de nunca haber nacido.

La conquista del gigante de fuego

12

Extrañamente, ahora no era Cortés quien acaparaba la atención de los soldados españoles, sino un oficial que hasta entonces no gozaba de mucho renombre. Se llamaba Gonzalo de Ordaz.

Ordaz venía en compañía de algunos de sus más fieles soldados, así como de unos cuantos indios. Venían sudorosos y todavía con la respiración agitada. Estaban de regreso en la ciudad de Tlaxcala, donde para entonces los españoles llevaban más de un mes instalados.

Gonzalo de Ordaz respondía a las preguntas insistentes de sus compañeros y era observado con temor y reverencia por los indios allí presentes. Él había sido el primer ser humano en llegar a la cima del volcán Popocatépetl.

Para los indígenas habitantes de aquella inmensa y bella región, este volcán, así como su compañero, el Ixtaccíhuatl, eran lugares sagrados: Ellos creían que en su cima, siempre nevada, vivía el gran dios Tláloc, señor de las lluvias. Era allí, en aquellas cimas heladas, donde se condensaban las nubes que posteriormente regarían los campos de cultivo.

Ordaz, respondiendo a las preguntas de sus compañeros, narró cómo la boca de fuego del volcán, que para entonces aun estaba activo, hacía temblar el suelo debajo de sus pasos; contó también que la nieve, en la medida en que más se ascendía por aquel empinado cono helado, se hacía más suave, de manera que las botas paso con paso se hundían hasta más allá de las rodillas, provocando que el avance se hiciera cada vez más difícil.

Contó también cómo un par de esclavos negros se despeñaron por los traicioneros barrancos, y cómo un indígena antillano desfalleció y quedó sepultado en la suave nieve, hundiéndose poco a poco, hasta desaparecer, sin que pudiera hacerse ya nada por él.

Los indios, que entendían ya un poco el español, escucharon estas historias con horror, comprendiendo que aquello era un signo por medio del cual Tláloc les reprochaba haber permitido que los españoles realizaran tan atrevida empresa.

Gonzalo de Ordaz siguió contando cómo el cráter del volcán humeaba monstruosamente y lanzaba cenizas y algunas piedras incandescentes, de cuyo ataque los soldados tuvieron que protegerse usando los escudos.

A medida que crecía el orgullo y la admiración de los españoles por el arrojo de sus compañeros, también crecía el miedo y la indignación de los indios, entre los cuales corrió rápidamente la voz, y llegó hasta las más alejadas regiones. Decía:

«Los teules han profanado las blancas y heladas cumbres de Tláloc. ¿Qué será ahora de los demás dioses?»

El principal tesoro que esta expedición arrancó al gigante de fuego fue una carretada de azufre, mismo que los artilleros utilizaron para fabricar gran cantidad de pólvora.

Muchos años después, el rey de España otorgó a Gonzalo de Ordaz el derecho de colocar en el escudo de su familia un volcán, como seña y recuerdo de la victoria que este atrevido soldado logró, no sólo sobre los indios habitantes del nuevo continente, sino sobre Tláloc, uno de sus más poderosos dioses.

Aquel volcán en dicho escudo simbolizaba no sólo la victoria sobre los indios, sino el sometimiento de los dioses y la religión de estos últimos bajo la soberbia y el arrojo de los españoles.

Los dioses asesinos

13

Hernán Cortés hablaba, mediante sus intérpretes, a la multitud de indígenas congregados en el gran patio, flanqueado por altos muros, del templo de Quetzalcóatl, el más importante de la ciudad de Cholula, último punto importante en el camino hacia Tenochtitlán. Hablaba serenamente, pero en tono severo.

—Ustedes nos invitaron a su ciudad, nos ofrecieron su amistad y su hospitalidad, nos abrieron la puerta. —Se encontraba ahí reunida una gran cantidad de hom-

bres, mujeres y niños, casi toda la población de la ciudad. Habían sido citados para «escuchar un importante mensaje, de su amigo, el capitán Cortés», quien continuó:

—Pero hace un par de días llegaron a mí noticias funestas —al escuchar la traducción de estas últimas palabras, la multitud, sorprendida, comenzó a murmurar.

Doña Marina traducía fielmente las palabras de su esposo y señor, y posteriormente un joven sacerdote cholulteca, de voz potente, era el encargado de hacer llegar el mensaje al público.

La voz de Cortés gradualmente fue tornándose más recia, agresiva, iracunda, aunque no dejaba de hacer pausas cada tanto para que la intérprete y el sacerdote-vocero pudieran hacer su trabajo:

—Hace un par de días —siguió diciendo Cortés— me enteré de que ustedes, cholultecas, tenían otros planes para nosotros, sus amigos españoles.

Los indios no alcanzaban a comprender lo que sucedía.

—Incluso —siguió su discurso el capitán general— obligamos a nuestros aliados totonacas y tlaxcaltecas a acampar fuera de Cholula, puesto que ustedes son sus enemigos. Y ahora ustedes nos pagan de esta manera...

La muchedumbre de cholultecas escuchaba atónita las razones del conquistador. Habían sido convocados a aquel patio fuertemente resguardado, porque se les iba a dar una buena noticia, pero ahora las cosas ya empezaban a cambiar, al parecer, y nadie portaba sus armas, ni siquiera venía medianamente preparado para huir, si el caso lo ameritaba.

Sin que apenas unos cuantos indígenas se dieran cuenta, los soldados españoles cerraron las puertas

de acceso a aquel gran patio, atrancándolas firmemente para que no se pudieran abrir ni con el mayor de los esfuerzos. Posteriormente, treparon por las murallas, de manera que pudieran dominar perfectamente lo que sucedía allí dentro.

Cortés seguía con su alegato, ahora en un tono aún más amenazador:

—Ustedes, hombres de Cholula, traicioneros, pretendían terminar con nosotros, pretendían hoy mismo por la noche tomarnos por sorpresa y matarnos... pero ahora las cosas han cambiado.

Se oyeron los relinchos de los caballos, nerviosos, detrás de las murallas.

—Ahora quienes vamos a cobrar venganza somos nosotros —entonces Cortés tomó su escopeta y dio un disparo al aire.

Ésa era la señal funesta.

Los soldados de Cortés, apostados en las murallas que rodeaban el patio, comenzaron a disparar contra la multitud de indígenas aterrorizados. El capitán general empuñó la espada y comenzó a lanzar tajos a diestra y siniestra, contra cualquiera que se le apareciera enfrente, sin importar su edad o su sexo.

Se abrieron algunas de las puertas de acceso sólo para dar entrada a los caballos, cuyos jinetes blandían a la vez la espada y la lanza, con la que atravesaban con facilidad los inermes cuerpos de los clolultecas, que se ahogaban de espanto y dolor ante aquel ataque inesperado.

Un poco después llegaron los tlaxcaltecas, tradicionales enemigos de los de Cholula, y arremetieron contra toda la gente, adentro y afuera del patio del templo de Quetzalcóatl.

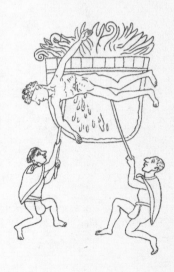

La matanza duró cinco horas.

La sangre formó ríos, que recorrieron las calles de la ciudad desolada. Los soldados se dieron a la tarea de saquear las casas, los palacios y los templos, en busca de joyas o de cualquier objeto valioso.

La sangre siguió corriendo, hasta llegar a los ríos cercanos, y por ellos corrió y se fundió con ríos y lagos y lagunas lejanos, hasta el mar, y se extendió por toda la tierra que ya era Nueva España y la que todavía no lo era, pero que pronto lo sería. La sangre se extendió, llevando, en un rojo lamento, la funesta noticia:

«Los dioses son asesinos... los dioses son asesinos.»

¿Qué harás ahora, Moctezuma?

14

Un hombre semidesnudo que venía cayéndose de borracho se interpuso en el paso de un nuevo grupo de emisarios que Moctezuma había mandado a Cortés, luego de la matanza de Cholula. Portaban un mensaje de paz y de amistad, además de la invitación, tanto tiempo anhelada por los españoles, para visitar la ciudad de Tenochtitlán.

Se encontraban en un paraje, cerca de las faldas de los volcanes, donde la tierra es alta y desde donde se podía observar la belleza

del gran valle de México, la laguna azul profundo, los muchos pueblos asentados a sus orillas, y en medio de todo, gloriosa, la ciudad de Tenochtitlán.

Aquella comisión estaba compuesta por cuatro emisarios, hombres de alcurnia, grandes e influyentes sacerdotes y políticos, acompañados por sus sirvientes. Al ver al borracho, trataron de alejarlo con palabras humillantes:

—¡Vete de aquí, hombre vil! que tenemos cosas importantes por hacer.

El borracho, quien apenas se cubría el cuerpo con algunos harapos, hablaba a gritos destemplados. Imprudente y grosero, sólo decía incoherencias.

—¡Hazte a un lado, borracho! —insistieron los dignatarios aztecas.

El borracho daba tumbos, se caía y volvía a levantarse, adquiriendo posiciones impúdicas y ridículas. Decía:

—¿Adónde van, señorotes? ¿Qué quieren hacer? Me río de ustedes y de sus padres y de sus hijos.

Los dignatarios venían muy preocupados por la grave misión que debían realizar, tanto que no se habían dado cuenta aún de lo que estaba sucediendo. Tenían en la mente la difícil situación por la que atravesaba su ciudad, su hermosa ciudad, la manera de como el terror se había apoderado no sólo de las personas, sino, casi podía decirse, de las casas, de las calles, de los canales, de las aves que normalmente habitaban en los frondosos árboles de la ciudad y que ahora habían desaparecido misteriosamente. El terror se había apoderado de esas calles que antes hervían de gente, de vida y de esperanzas, y ahora estaban vacías, desiertas, como si nadie habitara la ciudad.

Dentro de sus casas, las mujeres abrazaban a los niños, éstos lloraban sin consuelo; los hombres se llevaban las manos a la cabeza, desconsolados, mirando hacia todas partes, sintiendo la inminencia de algo terrible.

Estos enviados tenían la tarea de apaciguar la ira de los teules, de los dioses asesinos. Y ahora, en medio del camino, ya cerca del paso entre los volcanes, en estas tierras altas, salía de quién sabe dónde un borracho, impidiéndoles el paso.

—Hazte a un lado ya, hombre, o tendremos que hacerte daño.

El borracho cayó otra vez y volvió a incorporarse, y con el cuerpo torcido volteó a mirarlos con unos ojos desorbitados, no humanos, y entonces les dijo, con una voz diferente, profunda, como  podría sonar la voz de los jaguares o de las águilas, si estos animales hablaran:

—¿Adónde creen que van? ¿Qué piensan hacer? Todo se ha perdido.

Los dignatarios se desconcertaron ante el cambio en aquel hombre.

—¡Huyan! —ordenó el borracho—. ¡Huyan... eso es todo lo que pueden hacer! Ustedes me abandonaron y ahora yo no voy a ayudarlos.

—¡Es el hombre joven! —dijo uno de los sacerdotes.

—¡Sí, es Tezcatlipoca! —dijo otro.

—¡Huyan! El tiempo ha llegado... Moctezuma no sabe qué hacer... Nunca lo ha sabido... ¿qué tarea les ha encargado?

—Señor, señor, ¡perdónanos! —imploraron los sacerdotes.

El borracho dio unos pasos hacia atrás, otros

hacia delante, moviéndose como una marioneta, de forma ilógica, una forma que parecía no seguir las leyes de la naturaleza. Se movía como serpiente, como pájaro, como jabalí, como venado, pero no como hombre...

—¡Ya todo está perdido! Ese Moctezuma... no hizo lo que debía... ¿Acaso no ven lo que sucede?

Los sacerdotes se apresuraron a construir, con tierra, un pequeño montículo parecido a una de las pirámides sobre las que se asentaban en Tenochtitlán los templos dedicados a Tezcatlipoca, y sobre él colocaron algo de musgo, material que se usaba en los altares de este dios para que él llegara a aposentarse.

—¡Dejen eso! —gritó el borracho—, déjenlo. ¡Ya nada pueden hacer!... ¿Qué no ven lo que está sucediendo?... ¡Miren a sus espaldas! —ordenó.

Los sacerdotes, ya sin voluntad obedecieron y entonces vieron el terrible espectáculo.

La ciudad de Tenochtitlán, entera, ardía. Sus casas, sus templos, sus palacios, eran un montón de es-

combros. Las llamas brincaban, danzando, de un lado a otro, como una parvada de gigantescos pájaros de fuego envueltos por el humo negro de la muerte. Salvajemente devoraban a los habitantes de la otrora bella ciudad.

Los lamentos de la gente se escuchaban hasta aquel alejado paraje. El cielo, negro, era atravesado por centellas frías y metálicas, como la risa burlona e inclemente de un dios malévolo.

—Vean lo que hizo Moctezuma —decía el borracho—. Vean lo que ha provocado... Ustedes ya no son mis hijos... ustedes ya no tienen nada que hacer... Prepárense a morir... ¡Huyan!... ¡Prepárense a morir!...

Los sacerdotes permanecieron absortos ante aquel terrible espectáculo. Lloraban; habían caído de rodillas y, sujetándose la cabeza, desesperados, le suplicaban clemencia al señor Tezcatlipoca.

Voltearon hacia donde éste se encontraba, con el fin de hacer más convincentes sus ruegos, pero ya no vieron a nadie. Luego volvieron su vista hacia Tenochtitlán, y ya todo parecía normal, como lo habían dejado.

La ciudad yacía tranquila, al parecer, acariciada tersamente por la perfumada brisa de la laguna.

Todo parecía normal, pero la sentencia del dios ya había sido dictada.

El encuentro

15

Si Cortés llegó a Cholula victorioso, después de la matanza salió temido por todos. Los niños le temían, las mujeres le temían, los hombres le temían, y el mismísimo tlatoani, el señor Moctezuma, le tenía temor.

Algo de ese gran temor que tenía el señor de los aztecas se reflejaba en su rostro, contra todos sus esfuerzos, la mañana del 8 de noviembre de 1519 cuando salió de su palacio en compañía de sus más cercanos y queridos sirvientes, rumbo al sur, sobre la calzada

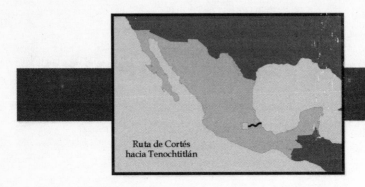

Ruta de Cortés
hacia Tenochtitlán

que corría a Iztapalapa, hacia el lugar donde habría de encontrarse con los españoles.

Éstos ciertamente habían recorrido un difícil camino, no sólo desde las costas de Oriente, sino en especial desde Cholula hasta Tenochtitlán: Moctezuma había hecho lo posible por disuadir y alejar a los españoles. Echó mano de todos los medios a su alcance, excepto los militares. Había ordenado a los brujos más poderosos que enfermaran a los españoles, pero esto no sucedió; ordenó a los espías que trataran de encontrar el punto débil del ejército invasor, pero éstos nada pudieron obtener.

Incluso, después que supo de la matanza en Cholula, había mandado sembrar magueyes y árboles por todos los caminos y las veredas que conducían desde esas tierras hasta Tenochtitlán, para impedir el paso de los españoles, pero éstos, ayudados por sus aliados indígenas, con toda facilidad libraron el paso y continuaron su camino sin tardanza.

La caravana invasora pasó por varios poblados: Amecameca, Tlalmanalco y Chalco, que ya se encontraba en las riberas del gran lago de Texcoco, y allí el capitán general, Hernán Cortés, recibió la primera visita de un representante personal de Moctezuma, Cacamatzin, señor de Texcoco. Fue en esa ciudad donde la columna de los conquistadores tomó la calzada que se internaba en el lago y que los llevó a Tláhuac y a Mixquic.

Las aguas hervían de canoas tripuladas por un sinfín de personas curiosas, espantadas, ante el paso de aquellos seres que seguramente debían de ser dioses. Sus armas eran asombrosas, así como sus vestidos, sus armaduras, sus caballos...

Los conquistadores llegaron a Iztapalapa, donde Cuitláhuac, el señor del lugar, los recibió con presentes de oro, esclavos y ropajes de plumas. Cortés quedó admirado por los jardines y los palacios de esta ciudad, en la que pernoctó, junto con sus soldados y sus aliados.

Al día siguiente continuó su camino por la recta calzada, hasta Huitzilopochco, es decir Churubusco, y por fin

directo hasta la isla de Tenochtitlán. El encuentro se dio a las puertas de la ciudad. El tlatoani yacía erguido, señorial, majestuoso, rodeado de sirvientes y nobles aztecas, a su vez rodeados de soldados, a su vez rodeados por el pueblo, y todos, a su vez, rodeados por el estupor y el miedo y por más y más gente.

Cortés desmontó y caminó hasta Moctezuma. Intentó abrazarlo, pero los soldados aztecas se lo impidieron; entonces simplemente tomó un collar de coloridas cuentas de vidrio y lo colocó en el cuello del gran señor.

—¿En verdad eres tú, señor? —fueron las únicas palabras que atinó a pronunciar, sinceramente conmovido por la grandeza de Tenochtitlán y la soberbia de la corte del gran tlatoani.

Doña Marina traducía.

Moctezuma no respondió, simplemente tomó un collar hecho de pequeños cangrejos de oro y lo colocó en el cuello del capitán español. Todavía intercambiaron algunas expresiones, algunas palabras e ideas cortadas por la emoción y llenas de perplejidad. Finalmente, Moctezuma dio la bienvenida formal al ejército español e invitó a Cortés a seguirlo.

Dio la media vuelta y comenzó el camino hacia el corazón de la ciudad. Cortés, el temido capitán general, el jefe de los teules, el sanguinario asesino, el engañador, el hombre impresionado por la grandeza de estas maravillosas tierras, lo siguió, y toda la columna armada echó a andar tras él.

Los españoles y sus aliados tenían desconfianza y miedo: «¿no estaremos cayendo en una trampa?», se preguntaban. Y a la vez los aztecas, encabezados por su poderoso tlatoani recibían a estos inusuales visitantes con una duda en el corazón:

«¿No será —se preguntaban— que estamos cayendo en una trampa?»

Sólo el tiempo y la historia tendrían la respuesta.

El emperador prisionero

16

Moctezuma caminaba altivo, con un extraño gesto en el rostro, gesto que sólo los españoles pudieron observar, pues todos los mexicanos, incluyendo a doña Marina, como era costumbre en señal de respeto, al paso del monarca bajaban la vista al suelo.

El emperador caminaba con la pompa y el lujo de siempre, con algunos criados cubriéndolo de los rayos del sol, y otros extendiendo esteras a su paso. La única diferencia notable era que en esta ocasión entre su guardia también

se incluían algunos soldados españoles, perfectamente vestidos con sus armaduras, y empuñando sus increíbles armas.

El gesto de Moctezuma reflejaba tristeza y resignación, y muy en el fondo un destello de la más sólida valentía. Era el rostro de un hombre que enfrentaba su destino, con toda la conciencia de que éste le era adverso, de que estaba predestinado a perder, y de que seguramente aquellos pasos que daba lo conducían a la muerte.

La comitiva marchaba en dirección al palacio de Axayácatl, quien había sido el padre de Moctezuma. En ese lugar, los españoles habían sido acogidos como huéspedes, pero ya se habían adueñado de él y lo habían convertido en el campamento y centro de operaciones del ejército invasor.

En uno de los muros de este palacio, hacía algunos días, un carpintero español encontró una puerta falsa, muy bien disimulada, y con la mayor falta de respeto y el permiso de Cortés, la derribó. Lo que encontró robó el aliento del capitán general: era una enorme habitación que guardaba el tesoro de Axayácatl, dueño de aquel palacio y antiguo gobernante

del imperio azteca.
Oro, piedras precio-
sas, plata, objetos ma-
ravillosos, plumas...
Esto enloqueció a
los conquistadores, y
en vez de satisfacer
su ambición, aumen-
tó su codicia hasta lí-
mites impensables.

Llevaban ya algu-
nos días en ese pala-
cio, la mayor parte del tiempo encerrados. Sólo hicieron tres incursiones a la ciudad, de la que admiraron
su limpieza y organización.

Una mañana, llegó un mensajero desde Veracruz,
portando la mala noticia de que en aquel puerto había desembarcado un representante del gobernador
de Cuba; traía la consigna de tomar preso a Cortés,
acusado de traición.

El capitán general decidió partir, en compañía de
sus más aguerridos soldados, hacia Veracruz para
arreglar aquel asunto: de ser posible convencería a
quienes venían a apresarlo, pero si no, estaba dispuesto a hacerles frente con las armas.

Esta decisión no gustó nada a los soldados españoles, quienes, según decían, «sentían en el aire» el
acre olor de la traición. Parecía que «al igual que en
Cholula», los indígenas estaban preparando una

trampa mortal. Por ello, apoyaron con bravas muestras de alegría la iniciativa de Cortés:

—Antes de irme será necesario tomar precauciones para evitar aquí una catástrofe. Tomaremos preso al emperador; de esa manera, ningún mexicano se atreverá a atacarnos. Al día siguiente se llevó a cabo el plan.

Estaba saliendo el sol cuando Cortés se presentó en el palacio de Moctezuma, en compañía de sus cinco más altos jefes. Hizo verdaderos esfuerzos por utilizar las palabras más suaves y diplomáticas. Explicó:

—Señor, hemos tenido noticia de que los mexicanos no nos quieren y están haciendo planes para matarnos. Yo, señor, tengo que salir a la ciudad que, en nombre de mi soberano, fundé en la costa, pues una partida de traidores la está atacando.

El rostro del tlatoani permanecía impasible. Cortés continuó:

—Con toda humildad, señor, le pido que venga en nuestra compañía al palacio de su padre, Axayácatl, donde será nuestro huésped y cuidaremos de usted.

Inicialmente, Moctezuma no pudo ocultar la sorpresa y el miedo: la profecía estaba cumpliéndose. Ahora caía en manos de los teules.

—¡Nada de eso es cierto! —trató de explicar el emperador—. Ustedes son amigos de los mexicanos.

Todavía el capitán general hizo esfuerzos por arreglar la situación por los medios más suaves, pero la impaciencia hizo presa de sus capitanes, quienes empuñaron los filosos puñales que portaban escondidos, y advirtieron:

—Capitán Cortés, termine de hablar ya con este hombre o aquí mismo le daremos muerte.

Doña Marina, con la vista al suelo y usando un tono suave, casi maternal, sugirió al tlatoani:

—Señor, acepte usted lo que estos señores le piden. Tal vez más adelante se pueda arreglar. Ellos, señor, están dispuestos a todo... a todo.

Moctezuma comprendió que ya no tenía recursos para librarse del paso fatal de su destino. Hizo un breve silencio, dio la orden de que sus criados lo siguieran e inició la marcha, rumbo al que había sido palacio de su padre, y que ahora sería, tal vez, su tumba.

Iba con gesto altivo, sereno, seguro de que estaba haciendo lo correcto: enfrentar el destino que los dioses le habían asignado.

Los soldados tienen miedo

17

Los soldados españoles tienen miedo. Traen puestas sus armaduras, portan sus mortíferas armas y, sin embargo, tienen mucho miedo, tiemblan como ratoncitos, escondidos detrás de las fuertes piedras con las que están construidas las murallas que rodean la gran plaza del Templo Mayor.

Los mexicanos, enardecidos, lanzan sus flechas, sus agudas lanzas contra los españoles, decididos a perder la vida, si es necesario, con tal de acabar con aquellos dioses impostores.

Los españoles llegaron allí para ser testigos de una fiesta tradicional, y ahora las cosas han cambiado, sin que nadie termine de comprender precisamente cómo fue que esto sucedió.

Los danzantes ejecutaban sus coreografías, al compás de la aguerrida música de los huéhuetl y los caracoles, las ocarinas y las sonajas. Vestidos con sus impresionantes e increíbles trajes de guerra, empuñando sus armas, celebrando a los dioses de la vida con danzas de guerra, de lujo y de muerte.

Los asistentes a la ceremonia vestían sus mejores galas: el oro y las joyas, destellando, bailaban con los danzantes. Esto excitó a los españoles, como a los mastines excita el olor de la sangre.

Nadie supo con exactitud cómo inició todo, lo cierto es que los ánimos de aztecas y españoles estaban

excitados, unos por el orgullo guerrero y la indignación de saber que su tlatoani estaba preso en manos extrañas. Los otros, los españoles, por la codicia creciente y el miedo de ser atacados por esas fuerzas militares que frente a ellos extendían sus alas como un águila.

De pronto, un grito: alguien había golpeado a alguien. Y otro grito, en respuesta al primero... y otro, en respuesta a este último.

¿Dónde brotó la primera sangre? Nadie lo supo, pero era sangre indígena. ¿Quién cortó la primera cabeza? ¿Quién atravesó por primera vez con una espada el cuerpo moreno de un caballero águila? Nadie lo supo. El caso fue que en un instante la multitud festiva se convirtió en un ejército en pie de lucha. Alguien había metido la mano en el hormiguero, y

ahora las temibles hormigas guerreras respondían rabiosas, por millares.

El capitán Pedro de Alvarado, quien había quedado al frente del ejército español, torpemente había permitido que la violencia se adueñara de la situación.

Tal vez los españoles habían hecho planes semejantes a los que realizaron en Cholula; tal vez tenían ya pensada una acción agresiva contra los aztecas en el Templo Mayor... tal vez no. El caso es que, como sucedió en Cholula, los primeros gritos emitidos por hombres y mujeres del pueblo sirvieron como señal para que los soldados comenzaran a disparar contra la multitud, y para que otros más desempuñaran la espada y comenzaran a lanzar tajos en todas direcciones.

Pero en este caso, la respuesta de los indígenas fue muy diferente: los aztecas sí tenían armas, y con ellas pronto hicieron frente a los españoles. Otros corrieron, saltaron por los muros, las murallas, y dieron voces de alarma y de guerra, voces que pronto se extendieron por toda la ciudad, provocando una respuesta militar instantánea. Los vecinos tomaron los objetos que tenían a la mano y los utilizaron como armas contra los españoles.

Estos últimos no tuvie-
ron más remedio que
atrincherarse en el Templo
Mayor. Ahora, a diferen-
cia de como había sucedi-
do en Cholula, ellos son
quienes están dentro de la
plaza fortificada, defen-
diéndose del ataque de los
enardecidos indígenas.

Los soldados tienen
miedo, y con razón: Ahora son cautivos de los mexicanos. Están encerrados en el corazón de la gran Tenochtitlán y difícilmente podrán salir de allí, aunque
todavía mantienen preso a Moctezuma.

Sudan, tiemblan, piden a Dios un milagro. Son víctimas no tanto de los indígenas, como de su propia
codicia, de su propia ambición desmedida.

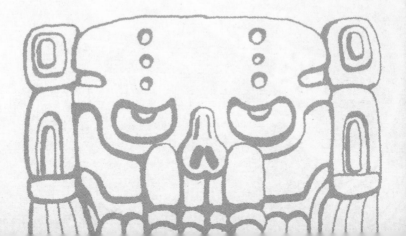

La muerte de Moctezuma

18

El emperador daba la cara al pueblo mexicano. Por fin, luego de algunas semanas, durante las cuales los españoles habían permanecido fortificados en la plaza del Templo Mayor, el emperador Moctezuma hizo aparición en una azotea, desde donde podía ser perfectamente observado por toda la gente, los aztecas, que se encontraban afuera.

El capitán general había regresado triunfante de Veracruz, en compañía de refuerzos españoles —nuevos soldados que se habían

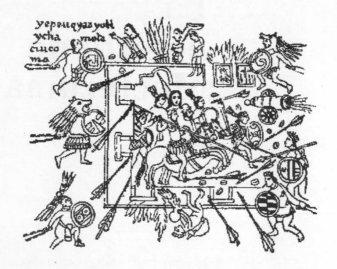

aliado con él bajo la promesa de gloria y grandes riquezas—, así como de nuevos refuerzos indígenas, tanto tlaxcaltecas como totonacas y de otros pueblos.

Cuando Cortés llegó, percibió de inmediato que había ocurrido un cambio: durante los días del acoso, del cerco dentro del que vivían ahora los españoles, los mexicanos, decididos a hacerles frente a los invasores, habían transformado las calles en trincheras de guerra; las casas eran ahora puestos militares; los hombres y las mujeres, los niños y los ancianos, todos, eran soldados.

Esperaban, escondidos, el momento del gran ataque.

Dejaron pasar a Cortés con la idea de que nunca saldría con vida. Sin dilación, Cortés llegó al Templo

Mayor y tomó el mando del lugar. Allí dentro tuvo una fuerte riña con Pedro de Alvarado, a quien casi le cuesta la vida.

El tlatoani hablaba a la masa, custodiado por cuatro soldados españoles, perfectamente protegidos por sus armaduras y por sus grandes escudos metálicos.

—¡Hijos míos! —inició el monarca—. Mexicanos, abandonen esa actitud, dejen la rabia a un lado... dejen salir a estos hombres, que se vayan... Han cometido errores, pero no son malos.

Ya nadie lo respetaba. La gente ya lo veía a la cara y se atrevía a dirigirle la palabra.

—¿Qué haces allí, Moctezuma? —le gritó cualquiera— Ellos no son tus padres ni tus hermanos... Deberías sentir vergüenza.

Moctezuma trataba de hacer que aquel enorme grupo de personas cambiara de parecer, pero luchaba contra la corriente.

La turba se fue enojando cada vez más. Ya no sólo gritaban, sino que empezaron a lanzar objetos. Primero, algunas legumbres echadas a perder, pero pronto comenzaron a lanzar tras-tos rotos de cocina, piedras, palos y hasta flechas.

Los soldados cubrían a Moctezuma del ataque de sus súbditos.

Por un momento el ataque aminoró y un hombre, de entre los muchos que enfrentaban en ese momento al tlatoani, aprovechó para decirle:

Ya no eres nuestro monarca, señor, ya no te queremos.

Por su parte, Moctezuma aprovechó el momento para insistir:

—Dejen las armas, queridos hijos, estos hombres son...

Pero ya no pudo terminar. Se escuchó, de entre la turba, el grito desgarrador de una mujer: «¡¡traidooooor!!», y al instante una lluvia de flechas, piedras y todo tipo de objetos se abalanzó sobre los tres personajes que se destacaban en lo alto.

Por más que hicieron, los guardias de Moctezuma no pudieron evitar que tres piedras lo alcanzaran, dos de ellas en la cabeza, y que una flecha se clavara en su brazo.

A los dos días, Moctezuma murió.

Cuando lo supo, Cortés derramó lágrimas, sinceras lágrimas. Sentía que toda su obra de conquista se venía abajo, que ahora nadie lo iba a proteger. Y también sentía lástima por aquel hombre, una persona que de una manera tan íntegra y valiente había enfrentado su futuro, su destino y su derrota, y que había tratado siempre de conseguir la paz... Un monarca guerrero que al final de su vida se afanó por conseguir la paz: no dejaba de ser irónico y triste.

Las lágrimas de Cortés eran de lástima y de miedo.

Unos dicen que Moctezuma murió por las heridas que recibió de su propio pueblo, otros, que murió de tristeza y de vergüenza.

Xaltelolco.

Noche triste, noche de victoria

19

El capitán general Hernando de Cortés lloraba, caído, derrumbado al lado de un frondoso árbol, más allá de donde la calzada de Tlacopan, o Tacuba, alcanzaba la tierra firme. Aquella noche había sufrido la mayor de las derrotas de toda su vida, aquella noche, en que logró, luego de muchos esfuerzos, salir de la ciudad de Tenochtitlán, donde su ejército seguramente hubiera muerto dentro del cerco en que lo tenían los aztecas.

Había perdido hombres, armas, caballos, y toneladas del tan

apreciado oro, que tantas y tantas vidas había costado.

Un par de días atrás, se había acercado a él uno de sus hombres de a caballo, apellidado Botello, un hombre letrado que había estudiado en Roma y tenía fama de «nigromántico» y astrólogo. Este hombre siempre había sido consejero de Cortés, y siempre se había mostrado prudente y atinado. Le dijo:

—Capitán, si en dos noches no nos vamos de aquí, ya no habrá oportunidad para que ninguno de nosotros salga con vida... Tenemos que escapar de esta maldita ciudad... hoy por la noche o mañana.

Junto con otras razones, Cortés tomó mucho en cuenta lo que los astros le decían, por boca de Botello. Luego de reflexionar un buen rato, mandó decir a sus hombres que a la mañana siguiente citaba a una reunión a la que nadie, ni siquiera el que estuviese herido o enfermo, podía faltar.

Aquella fue una reunión muy especial, pues el principal invitado, o cuando menos el más vistoso,

fue el oro: Una montaña de lin-
gotes de oro, que era a lo que
se habían reducido, luego de
pasar por el horno, las piezas
artísticas del tesoro de Axayácatl y muchos otros tesoros
de los cuales la avaricia española se había adueñado durante
los últimos meses de conquista.

—¡Bien, señores —dijo Cortés— aquí está la riqueza que he-
mos acumulado, a costa de nuestra sangre y nuestras
lágrimas. Ha llegado el momento de repartirlo, pues
hoy por la noche abandonamos esta ciudad de perros traidores.

Primero, hizo separar la quinta parte, que le co-
rrespondía al Rey, luego, otra quinta parte, que sería
la suya, y luego tomó partes más pequeñas, que fue
entregando a cada soldado, como paga por su
esfuerzo, de acuerdo con el ran-
go de cada cual. Cuando terminó, todavía quedaba una grandísima cantidad de oro.

Entonces, ordenó:

—Ahora, tomen cuanto
quieran de este oro, pues de
cualquier manera, está conde-
nado a perderse junto con esta
maldita ciudad... Tomen lo

que quieran y lo que puedan llevarse, que esta noche partiremos.

Alrededor de la media noche, salieron, en el mayor de los silencios posibles. Al frente iban las mulas con el tesoro del rey y del capitán general. Después, la columna de a caballo, con los hombres más sanos, luego un ejército de cargadores; atrás, sobre mulas, caballos y a rastras, tendidos en sus camillas, los heridos y enfermos, luego los arqueros, y al final, todavía más mulas, con el oro de los soldados.

Habían construido puentes de madera, para salvar los canales que, para impedir la huida de sus cautivos, los mexicanos habían dejado abiertos.

Ya habían avanzado un buen tramo, se habían alejado del Templo Mayor y pasaban cerca de Tlatelolco, cuando el grito de una mujer les partió el corazón, el alma y les hizo perder los sentidos:

—Mexicanos, a las armas, que los teules pretenden escapar.

En un instante, los canales de la ciudad se vieron repletos de canoas tripuladas por una inmensa cantidad de guerreros. El aire se llenó de piedras, flechas, dardos y todo tipo de proyectiles. Los hombres y las mujeres salieron de todas partes para romper los puentes, empuñando sus armas, para destrozar los cuerpos de los jinetes y sus animales, de los tlaxcaltecas, de los cempoaltecas y de todos aquellos que habían atentado contra la paz y el poder de la gran Tenochtitlán.

Para aniquilar a aquel montón de dioses impostores, codiciosos y asesinos.

En medio de la oscuridad de la noche, la lucha fue peor que un huracán en medio del océano: se escuchaban dolorosos gritos y lamentos, golpes de personas, animales y objetos que se venían abajo... Los cuerpos muertos y heridos de animales y humanos, tanto mexicanos como españoles, junto con la artillería, los tesoros y demás bultos, fueron rellenando los canales y formaron de esta manera resbaladizos y aullantes puentes.

Los pocos que pudieron salvarse lo hicieron pasando a gatas, resbalándose, tropezando, sobre los cuerpos caídos de sus compañeros. Todo estaba lleno de sangre, y de dolor, de miedo... Sólo unos pocos, entre ellos Cortés, llegaron al final de la calzada.

Los mexicanos dejaron de perseguir a los humillados españoles, al grito de «no pueden ir ya a ninguna parte... Adonde lleguen, los esperará la muerte».

Estas últimas palabras quedaron en la mente del capitán general. Era lo único que resonaba en ella, mientras lloraba, inconsolable, al pie de aquel frondoso árbol.... Y ahora ¿qué iba a hacer?

Unos metros más allá, un soldado, herido, hacía recuento, a la luz de una antorcha, de los pocos objetos que había podido salvar. Entre ellos, curiosamente, se encontraba el pequeño libro de sortilegios y adivinaciones del «nigromántico» Botello, quien no se contaba entre los sobrevivientes. Por pura curiosi-

dad, ente lágrimas de dolor y desesperanza, el soldado lo hojeó, y en una de las últimas páginas, que contenía los apuntes del astrólogo, pudo leer las preguntas que éste había hecho al oráculo, y las respuestas
que de él había recibido. Leyó:

«Habré de salir con vida de esta triste guerra y
habré de escapar de las manos de estos perros indios?»

La respuesta decía: «No. Tú morirás».

El señor de los enfermos y los muertos

20

Hay una gran pira encendida en la plaza del Templo Mayor. Alrededor de ella, la gente, los vecinos de todos los barrios de Tenochtitlán, lloran sin consuelo; lloran al hombre cuyo cadáver se incinera con todos los honores y la pompa correspondientes a un tlatoani. Los corazones del pueblo están desconsolados, aun cuando en los últimos días muchos han sido los mexicanos valientes incinerados.

En esa pira se quema el cuerpo del sucesor de Moctezuma en

el trono de Tenochtitlán: Cuitláhuac, quien fue señor de Iztapalapa, se destacó como todo un héroe en su resistencia contra los teules, y llegó a ser elegido sucesor de Moctezuma al morir éste.

Bajo su corto mandato, que duró solamente ochenta días, la principal labor a la que se entregaron los aztecas fue la de reconstruir la ciudad. En ese tiempo se limpiaron las plazas, se volvieron a colocar en su lugar las estatuas de los dioses, se inició con los ritos, las ceremonias y los sacrificios, ahora también de españoles, para aplacar a los dioses ofendidos.

Se recuperaron los desechos de la guerra: las espadas, los cañones, fusiles, armaduras y demás armas europeas, así como el oro y las joyas.

Se limpiaron los canales, se sacaron de la ciudad los cadáveres de los españoles, los tlaxcaltecas y cempoaltecas; se organizaron ceremonias fúnebres para honrar a los heroicos defensores de la ciudad, caídos durante aquella noche, «triste» para los españoles y victoriosa para los mexicanos.

Los teules se fueron, humillados y vencidos de la ciudad, y los aztecas pensaron que ya nunca regresarían.

En efecto, la derrota militar fue contundente, pero una nueva amenaza llegó a la ciudad y asoló a todo el imperio: la enfermedad.

Algunos dicen que un esclavo negro contagió a los primeros cempoaltecas con la viruela, y que éstos la transportaron al centro del territorio azteca, junto con las pertenencias de los españoles... Otros dicen que fueron los mismos teules quienes contagiaron la enfermedad a los mexicanos.

Nadie lo sabe de cierto, el caso es que en Tenochtitlán la vida comenzaba a normalizarse cuando se dieron los primeros brotes de viruela, una enfermedad desconocida por los mexicanos y para la cual sus cuerpos no tenían ninguna defensa.

La viruela, esta enfermedad pustulosa, cobró muchas víctimas en todo el territorio del imperio azteca... Incluso el mismo Cuitláhuac murió de viruela.

En esta pira frente al Templo Mayor se incinera el cuerpo de Cuitláhuac, valiente señor que guió a su pueblo en tiempos de la victoria y la reconstrucción, y que ahora guía a todos los muertos mexicanos hacia los territorios del más allá. Ahora, Cuitláhuac es el señor de los mexicanos muertos, y de los enfermos.

El canto de los tambores

21

Los tambores suenan en el Valle de México. Su poderoso redoblar llena el aire y lo recorre todo, mezclado con el olor salobre y fresco del gran lago. Suenan en Tenochtitlán, suenan en todos los pueblos de la ribera del lago, suenan hacia los volcanes, en Tlaxcala... El sonido se expande, se mueve, danza en el aire y en el corazón de los indígenas.

En la plaza del Templo Mayor de Tenochtitlán, los tambores suenan, anunciando la ceremonia de entronización de Cuauhtémoc, que

apenas cuenta con 25 años y ahora es el onceavo tlatoani de la poderosa tribu azteca.

Ha sido elegido como sucesor de Cuitláhuac, y en
este momento se celebra la ceremonia con la que se
le otorga el poder.

La fiesta ya no es como las de antes, majestuosas y
llenas de grandes personajes de todo el mundo indígena. Ahora son pocos los señores de otros pueblos
que se encuentran presentes. Tampoco corre tanta sangre. Ahora son sólo unos cuantos los prisioneros de
guerra, ningún español, a los que se sacrifica en el Templo Mayor y cuya sangre alimenta a los dioses.

Es especialmente significativa la ausencia de muchos de los antiguos aliados de México: todo el Oriente del territorio del imperio, los pueblos vecinos de
los tlaxcaltecas, la gente de la costa, la gente de los
pueblos cercanos a los volcanes, los lugares por donde pasaron los teules. La gente de Occidente falta
también, los tarascos, la de los valles de Oaxaca...
Muchos no se presentaron debido a la premura con
que se dieron los festejos, o porque han preferido no
aliarse con una tribu que se encuentra en guerra, ame-
nazada; otros, porque prefieren no tener problemas
con los teules, o simplemente porque les da miedo.

Pero los señores de Texcoco y Tacuba presiden la
ceremonia en Tenochtitlán.

Emiten sus discursos... Palabras que subirán al
viento, envueltas por el humo del copal y el sonido
de los tambores.

Un sonido similar de tambores envuelve otras palabras y otras acciones, un poco más allá, en las orillas del lago...

Ha pasado alrededor de un año desde que los españoles fueron rechazados, durante aquella «noche triste», pero ellos no han perdido el tiempo: han recibido refuerzos, que vienen desde diferentes puntos del reino de España, e incluso desde la misma Cuba, donde el gobernador, Diego Velasco, aún piensa que Cortés ya ha sido apresado.

Asimismo, han ganado aliados indígenas: todos aquellos pueblos que se han rebelado contra el yugo azteca.

Dirigidos por el ingeniero Martín López, todas estas nuevas fuerzas, tanto las indígenas como las españolas, han invertido la mayor parte del tiempo en construir, en medio de las montañas, once barcos de guerra, de esos que en Europa se llaman bergantines, naves de tamaño pequeño, capaces de transportar a la tropa, algunos caballos y , sobre todo, portar los cañones.

Estos bergantines fueron transportados pieza por pieza hasta las riberas del lago y ahí ensamblados y botados al agua en ceremonias militares celebradas al ritmo de los tambores de guerra.

En el Templo Mayor, los grandes señores indígenas dirigen estas palabras al joven tlatoani:

—Señor nuestro, mira cómo te han honrado tus caballeros y vasallos, ahora que eres ya su señor. Debes cuidar de ellos y amarlos como a hijos. Tienes que mirar que no sean agraviados, que ni los menores ni los mayores sean maltratados... Ya ves cómo tus vasallos, todos, están aquí como caballeros, cuyo padre y madre eres ahora tú. Así los has de amparar y defender en justicia, porque todos sus ojos están puestos en ti.

—Eres el que va a regir y dar orden a las cosas de la tierra. Vela con mucho cuidado del paso del Sol y de la fertilidad de la Tierra... Tienes que trabajar porque no falten prisioneros para sacrificar y darle su

comida al dios, para que así pueda seguir su curso...
Y también a la diosa Tierra, para que nos dé nuestra
propia comida... Y tienes que velar también en dar
castigo y matar a los malos, tanto si son señores poderosos, como si se trata de simples delincuentes.

Del otro lado del lago, los españoles han botado ya
sus naves e iniciado un camino que toca, poblado tras
poblado, toda la ribera del lago, en busca de aliados.
Los que aceptan son incorporados a la lucha, los que
no, son destruidos. De esta manera, no sólo se han
fortalecido sino que también terminaron con los posibles refuerzos de los aztecas por toda la cuenca del
Lago.

En el Templo Mayor, Cuauhtémoc pronuncia las
siguientes palabras: Tal vez el gobierno que yo ejer-
za sobre ustedes pasará sobre mí como un sueño y
rápidamente termine mi vida, o tal vez pasarán algunos días y años... Todo el tiempo que sea necesario,
llevaré a cuestas esta carga, que nuestros abuelos
dejaron cuando murieron... Señores, sepan que estoy dispuesto a morir antes que alguien pueda dañar
más a nuestro pueblo y se atreva a ofender a nuestros dioses.

Los españoles no sólo han avanzado por el lago,
sino que se han extendido por toda la ribera cercana
a la gran isla de Tenochtitlán.

Los tambores baten y no dejan de resonar de día
y de noche. La hora de la gran guerra, de la muerte y
la destrucción ha llegado.

El tzompantli de Tlatelolco

22

Por fin, los soldados españoles llegaron a la plaza de Tlatelolco, ciudad hermana de Tenochtitlán, con la que compartía la isla dentro de aquel gran lago, y donde se había refugiado la población de Tenochtitlán, y hecho fuerte la mayor parte del ejército azteca.

Lo que allí encontraron les produjo horror: En el tzompantli del lugar (especie de aparador compuesto por varias varas horizontales, en las que los aztecas ensartaban las cabezas de quienes habían sido sacrificados) recono-

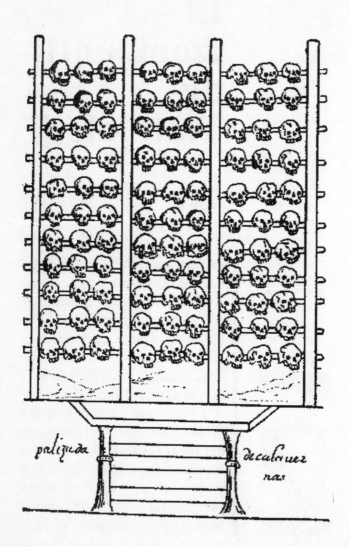

palizada   de calaueras

cieron a una buena cantidad de sus antiguos compañeros, así como las de sus caballos. Estaban allí, observando, mudos e impasibles testigos de la derrota indígena y la victoria española. Sin celebrar ni dolerse de nada, ni tristes ni alegres, ni resignados ni arrepentidos, simplemente muertos.

La vista de esta imagen aterrorizó a los españoles y a la vez los llenó de coraje guerrero, por lo que en ese momento redoblaron las fuerzas de su ataque contra las disminuidas huestes aztecas.

La batalla de Tlatelolco fue la última gran batalla en la guerra por Tenochtitlán.

El ejército invasor celebró como un gran logro la llegada hasta ese punto. Pues había sido mucho lo que tuvo que pelear, día con día durante alrededor de un mes, que duró el sitio.

Fueron ganando espacio palmo a palmo. Primero, cortaron el flujo de agua dulce que llegaba a la ciudad a través de un acueducto, desde Chapultepec, bloquearon las tres calzadas, de manera que ya no pudieran llegar a la ciudad alimentos ni ayuda de otro tipo, y luego, con los bergantines, impidieron que la ayuda pudiera acercarse por medio del agua... Pretendían que Tenochtitlán se muriera de hambre.

Día con día, los soldados luchaban, en formación y tumultuariamente, o por medio de ataques aislados.

Los aztecas trataban de salvar a Tenochtitlán. Primero ahondaron los canales y colocaron todo tipo de obstáculos para que ni los caballos ni las tropas pudieran pasar; luego, a bordo de sus canoas, atacaron en masa a los bergantines, que escupían fuego.. Después, conforme el cerco invasor los apretaba más y más, hicieron de cada casa, de cada barda, una trinchera.

Indígenas y españoles luchaban, día tras día, hora tras hora, minuto tras minuto.

Las cosas ya comenzaban a confundirse, todo, excepto el odio que unos sentían hacia los otros. Los indios portaban ya algunas partes de las armaduras de los españoles y usaban sables y espadas metálicas, que pudieron rescatar de los cadáveres... Los españoles vestían también algunas de las armaduras indígenas, y usaban sus armas, y se disfrazaban con las plumas y las pinturas. ¿Quién era quién? ¿Acaso importaba aún? Sólo estaba la lucha: matar y sobrevivir. Ésa era la única razón.

La enfermedad había devastado a la ciudad: no había ánimos, no quedaba ya nada... Y entonces se dio la orden: ¡Contra Tlatelolco!

La batalla de Tlatelolco terminó sin una derrota definitiva, más bien se dio la retirada de los indígenas, algo similar a lo que desde hacía días venían haciendo, para luego reiniciar el ataque y tal vez recuperar lo que momentáneamente habían perdido.

Pero ya no regresaron, la plaza había sido finalmente conquistada por los españoles. Éstos no dejaban de observar con horror las cabezas humanas y animales ensartadas en el tzompantli. Pesaba sobre sus hombros la mirada muerta de aquellas cabezas muertas.

La última gran plaza de Tenochtitlán había caído, y para los muertos era exactamente igual que si hubiera sucedido lo contrario: permanecían impasibles, ante la vista de la victoria.

La caída
del águila

23

«No estoy aquí por mi gusto» dijo el joven Cuauhtémoc, que se encontraba de pie, encadenado, frente a Cortés, «sino porque mi alto rango y mi deber así me lo exigieron...»

Ya no había nada más que hacer. La disposición de morir antes que darse por vencidos, ahora se venía abajo. Cuauhtémoc se dio cuenta de que por más sangre que se siguiera derramando ya nada se recuperaría. Se habían perdido las principales plazas, las principales fuerzas. Habían muerto los más fuertes guerreros, y ahora eran los niños y las mujeres quienes componían la fuerza principal del ejército.

No había alimentos, la gente comía basura y gusanos. No había agua dulce, sólo salitrosa. La gente estaba enferma y desesperada. No había nada más que hacer.

Cuauhtémoc recibió a la junta gobernante de la ciudad y anunció su decisión: se entregaría.

Los hombres, sabios y poderosos, lloraron como niños a quienes sus padres abandonaran, pero ninguno tuvo la fuerza para oponerse a la disposición del tlatoani.

En el mundo indígena, la rendición de una ciudad significaba que pasaba a ser tributaria del vencedor, quien respetaba la forma de vida del vencido: sus edificios, sus dioses, sus fiestas... Lo único que exigía de él era el pago de un cierto tributo.

Ésta era la última esperanza de los aztecas. Tal vez, si Cuauhtémoc se entregaba, la ciudad iba a poder reconstruirse, aunque para ello tuviera que pagar un fuerte tributo.

—Ahora —dijo Cuauhtémoc a Cortés— toma el puñal que llevas en la cintura y mátame.

El capitán general se acercó, estrechó al monarca azteca entre sus brazos y dijo:

—Los valientes como tú no merecen esa muerte... Has perdido la guerra, pero tu honor ha quedado intacto. No temas, no vas a morir por mis manos.

Esa noche la gente salió de Tenochtitlán como de una pesadilla. Los sobrevivientes, maltrechos y con fuerzas apenas para caminar, recorrieron medio muertos las calzadas destruidas, los canales, con el agua ensangrentada y salitrosa que les llegaba al pecho. Atravesaron las ruinas como fantasmas, sin equipaje, pues ya nada había que-

dado de sus antiguas posesiones, y sin embargo con una gran carga a cuestas: la carga de la derrota.

Esa noche, todos pudieron darse cuenta de que aquella última esperanza de que el vencedor respetaría algo de lo que había quedado de la ciudad de los vencidos, estaba totalmente equivocada. Esa noche y las siguientes, los españoles saquearon lo poco que había quedado de los tesoros de la ciudad. Robaron a las mujeres hermosas, hicieron esclavos a los hombres más fuertes, mataron a los viejos, se apoderaron de los jóvenes y los marcaron en el rostro con hierros candentes. Derribaron las imágenes de los dioses, quemaron los templos. Lo destruyeron todo.

El imperio azteca, como un águila herida de muerte, había caído en la tierra... Y Cortés no pudo reprimir un gesto de asombro cuando doña Marina le explicó el significado del nombre de Cuauhtémoc.

—Cuauhtémoc significa *águila que cae*.

—¿*Águila que cae*? —dijo para sí Cortés—... ¿*Águila que cae*?... Éste sí que ha hecho honor a su nombre.

Y después escupió en el suelo.

Breve cronología de la conquista

1519

Febrero

Hernán Cortés comanda la tercera expedición del descubrimiento de la costa de México. Sale de Cuba y desembarca en la isla de Cozumel.

Abril

Llegan ante Cortés los embajadores de Moctezuma, portando ricos regalos y un mensaje de bienvenida. Cortés funda la Villa Rica de la Vera Cruz, nombra un ayuntamiento y posteriormente éste lo designa a él Capitán General y Justicia Mayor de la ciudad.

Julio

Visita Cempoala, capital de las tribus totonacas.

Agosto

Hernán Cortés marcha rumbo a Tlaxcala. Su ejército se ha engrosado con una buena cantidad de indígenas totonacas.

Septiembre

Xicoténcatl, el joven, se rinde ante Cortés y los gobernantes tlaxcaltecas celebran una alianza con el capitán español.

Octubre

Cortés organiza la matanza de Cholula, como respuesta a una supuesta conspiración indígena en contra de los españoles.

Noviembre

Cortés entra a Tenochtitlán, por la calzada de Iztapalapa.
Se encuentra con Moctezuma en el sitio donde hoy se levanta el Hospital de Jesús.

1520

Mayo

Cortés enfrenta a las tropas de Pánfilo de Narváez, quien ha llegado desde Cuba para apresarlo.

Junio

Cortés regresa a Tenochtitlán. Los aztecas atacan a los conquistadores.
Muere Moctezuma.
«La Noche triste».

Julio

El ejército de Cortés llega a Tlaxcala, donde es bien recibido por los indígenas.

Septiembre

Cuitláhuac es elegido nuevo Tlatoani azteca. Epidemia de viruela.

Noviembre

Cuitláhuac muere a causa de la viruela.

Cuauhtémoc es elegido nuevo gobernante de Tenochtitlán.

Diciembre

Cortés establece en Texcoco su cuartel, e inicia las «campañas de circunvalación» por todas las poblaciones de la ribera del lago.

1521

Abril

Finalizan las campañas de circunvalación.

Mayo

Los españoles bloquean las calzadas que comunican a Tenochtitlán con tierra firme.
Los bergantines bloquean el acceso acuático a Tenochtitlán.

Junio

El ejército de Cortés llega a las inmediaciones del templo Mayor.

La zona central de Tenochtitlán es arrasada por la artillería española. Un ataque furioso de los aztecas obliga a los invasores a retroceder y permanecer sin avances durante varios días.

Julio

Las huestes españolas reinician su avance, alimentadas con nuevos refuerzos.
Los aztecas son abandonados por guerreros de muchos pueblos que hasta entonces habían sido sus aliados. La última gran batalla, en Tlatelolco

Agosto

Los españoles dirigen todas sus fuerzas contra Cuauhtémoc.
Cuauhtémoc se entrega. Según la versión española, trataba de escapar, pero es capturado.

La conquista para niños
Tipografía: *Times Editores, S.A. de C.V.*
Negativos de portada e interiores: *Formación Gráfica*
Impresión de portada: *Qgraphics*

Esta edición se imprimió en Mayo de 2005. Editores Impresores
Ferhández S.A. de C.V., Retorno 7-D Sur 20 No. 23. México, D.F.